项目式学习

在**小学语文教学**中的研究与应用

王冬梅　赵志美◎编著

西安出版社

图书在版编目（CIP）数据

项目式学习在小学语文教学中的研究与应用 / 王冬梅，赵志美编著. -- 西安：西安出版社，2024. 11.
ISBN 978-7-5541-7904-8

Ⅰ. G623.202

中国国家版本馆CIP数据核字第2024AT8923号

项目式学习在小学语文教学中的研究与应用
XIANGMUSHI XUEXI ZAI XIAOXUE YUWEN JIAOXUE ZHONG DE YANJIU
YU YINGYONG

出版发行：	西安出版社
社　　址：	西安市曲江新区雁南五路 1868 号影视演艺大厦 11 层
电　　话：	（029）85264440
邮政编码：	710061
印　　刷：	北京政采印刷服务有限公司
开　　本：	710mm×1000mm　1 / 16
印　　张：	16
字　　数：	174千字
版　　次：	2024 年 11 月第 1 版
印　　次：	2025 年 2 月第 1 次印刷
书　　号：	ISBN 978-7-5541-7904-8
定　　价：	58.00 元

前言

在教育的广阔天地中，项目式学习（Project-Based Learning，PBL）作为一种激发学生主动探索、合作交流与实践创新的教学模式，正逐渐受到全球教育工作者的关注和推崇。特别是在小学阶段，学生的思维模式正处于形成的关键期，他们对世界充满好奇，项目式学习不仅能够提升他们的综合性学习素养，还能培养他们解决实际问题的能力，为其未来的学习和生活奠定坚实的基础。

本书旨在探讨如何将项目式学习的理念与实践融入小学语文教学中，从而推动这一传统学科的教学革新。我们将从项目式学习的定义与特点入手，深入剖析其在国内外的应用现状，并与传统教学法进行比较，重新定义教师与学生的角色。

同时，本书将展开对小学语文教学的新视角，包括教学目标与挑战、知识与实际生活的联系，以及跨学科整合的可能性与必要性。通过创设情境与问题导向的教学策略，我们期望能够激发学生们的学习热情，让他们在真实的学习情境中成长。

在设计高效的小学语文项目式学习活动部分，我们将具体介绍如何确定项目的主题与目标、设计项目的框架与步骤、创造真实的学习情境、选择合适的跨学科整合点，并引导学生进行探究与合作。这些内容都将以丰富的案例形式呈现，将理论与实践相结合，更便于广大教师在实际教学中应用。

书中展示了多个以语文学科为主导的项目式学习案例和融合语文学科的综合性跨学科项目式学习案例，这些案例不仅涵盖了对传统文化的传承、汉字的学习，还包括了环保意识的培养、营养饮食的设计等多个方面，展现了项目式学习的多样性和丰富性。

评估与反馈是确保项目式学习有效性的关键环节。本书将详细介绍如何设计评估工具与标准，结合过程性评价与结果性评价，提供及时反馈与指导，并利用评估结果改进教学方案。

面向未来的小学语文项目式学习，着眼于培养学生的终身学习能力、社会责任感、国际视野与跨文化沟通能力，并探索科技发展带来的新趋势。这些内容将为教师们提供前瞻性的教学思路。

最后，本书收录了教师们在开展项目式学习活动中的随笔和论文。这些珍贵的第一手资料记录了他们在教学实践中的感悟、挑战和成长，对于理解项目式学习的实际效果和影响具有重要价值。

通过本书，我们希望能够为小学语文教师提供一个全面、实用的项目式学习指南，帮助他们在教学过程中不断创新，从而激发学生的潜能，培养出适应未来社会发展的复合型人才。让我们一起在项目式学习的道路上，为学生们的明天铺设更加坚实、宽广的道路。

王冬梅

2024年4月

目录

上篇
小学语文项目式学习的理论依据

中篇
小学语文项目式学习及跨学科项目式学习案例

下 篇
开展项目式学习活动的策略及感受

上 篇

小学语文项目式学习的
理论依据

项目式学习的理念与实施

一、项目式学习的定义与特点

在当前教育领域，项目式学习已经成为一种全球性趋势，尤其在小学教育中显示出其独特的优势。本章将深入探讨项目式学习的基本概念和主要特点，为读者提供一个清晰的框架来理解这一教学策略。

（一）项目式学习的概念

项目式学习是一种以学生为中心的教学方法，强调通过实际项目的开展，让学生在实践中探究、解决问题，从而获得知识和技能。这种方法鼓励学生主动探索，并将学到的知识应用于实际情境中，从而帮助学生深化理解，提升自身综合能力。

项目式学习起源于20世纪60年代的美国，后来逐渐传播到世界各地，目前已经成为教育改革的重要趋势。

（二）项目式学习的特点

项目式学习区别于传统教学模式的若干关键特点包括：

（1）学生中心：项目式学习把学生放在学习过程的中心

位置，鼓励他们根据自己的兴趣和强项进行探究。

（2）探究驱动：项目式学习强调以问题为中心的探究活动，激励学生自主提出问题、寻找资源、分析数据，并构建解决方案。

（3）合作学习：学生在项目式学习过程中通常需要与同伴合作，这有助于培养他们的团队合作技能和沟通能力。

（4）反思过程：项目式学习要求学生和教师在整个学习过程中进行定期的反思，以评估学习进度和成果，以及个人和团队的成长。

（三）促进关键技能的发展

项目式学习不仅促进了学生对于学科知识的掌握，更重要的是，它帮助学生发展了一系列关键的生活技能：

（1）批判性思维：面对复杂问题时，学生需要运用逻辑和理性进行分析和判断。

（2）解决问题的能力：通过实际操作和实验，学生学会如何找到创造性的解决方案。

（3）自主学习能力：在项目的各个阶段，学生需要自我管理，规划学习路径并持续获取新知识。

项目式学习代表了一种动态且富有成效的教学和学习方式，它能够激发学生的潜能，为他们未来的学术和职业生涯奠定坚实的基础。接下来的章节，我们将更详细地讨论项目式学习在实际教学中的应用，以及它如何塑造教育者和学习者的新角色。

二、项目式学习与传统教学法的比较

（一）传统教学法概述

在探讨项目式学习之前，我们首先审视传统的语文教学方法。传统教学法，也常被称为直接教学法或者讲授式教学法，是一种历史悠久且普遍实施的教学模式。这种方法通常以教师为中心，侧重于教师对知识的传授和学生对知识点的记忆。在这种模式下，课程内容往往是固定的，由教学大纲或者教科书所规定，并且以学科为中心组织教学内容。课堂上，教师负责讲解新知识，学生则通过听讲、记笔记和复习来吸收这些知识。评价学生学习成效的主要方式往往是笔试，重点考查学生对知识点的掌握程度。

这种教学方式的优点在于它的结构性和系统性，能够确保学生覆盖教学大纲规定的所有知识点。同时，它便于教师控制教学进度和质量，以及进行统一的评估。然而，传统教学法也存在一些不足之处。由于过分强调知识的传授和记忆，这种方法可能忽视了学生的主动参与和创造性思维的培养。学生可能会缺乏动机去深入理解知识背后的原理，或者将所学知识与现实生活联系起来。此外，由于课堂互动有限，学生的批判性思维和问题解决能力可能得不到充分的发展。因此，许多教育改革者提倡包括项目式学习在内的更多以学生为中心的教学方法，从而促进学生的全面发展，以及其终身学习能力的培养。

（二）项目式学习的优势和挑战

1. 项目式学习的优势

相比于传统的课堂教学模式，开展语文项目式学习具有以下优势：

（1）激发学生的学习兴趣和积极性。在项目式学习中，学生通过完成一个个具体的任务来达成学习目标，这种任务驱动的方式能够激发学生的学习兴趣和积极性。

（2）培养学生的综合素质和能力。在项目式学习中，学生需要运用语文知识解决实际问题，这有助于培养学生的综合素质和能力，如沟通能力、合作能力、创新能力等。

（3）促进学生的深度学习。在项目式学习中，学生需要进行实际操作和反思，这有助于促进学生进行深度学习，提高学生的自主学习能力。

（4）培养学生的团队合作精神。在项目式学习中，学生需要进行团队合作，这有助于培养学生的团队合作精神和沟通能力。

（5）提高学生的跨学科整合能力。在项目式学习中，学生需要运用多学科知识和技能解决实际问题，这有助于提高学生的跨学科整合能力。

2. 项目式学习的挑战

然而，语文项目式学习也面临一些挑战：

（1）教师角色转变。在项目式学习中，教师需要从传统的知识传授者转变为学生学习的引导者、组织者和评价者，这对教师的角色转变提出了挑战。

（2）教学资源整合。项目式学习需要丰富的教学资源，如实验设备、网络资源等，如何有效整合这些资源成为教师面临的挑战之一。

（3）评价体系改革。传统的评价体系往往过于注重学生的知识掌握程度，而项目式学习强调过程性评价和综合能力的评价，需要进行评价体系的改革。

（4）学生自律能力要求高。在项目式学习中，学生需要具有较强的自律能力和自我管理能力，如何帮助学生养成良好的学习习惯成为教师面临的挑战。

（5）教学进度安排。项目式学习往往以任务为导向，教学进度可能受到任务完成情况的影响，如何合理安排教学进度也是教师需要面临的挑战。

（三）实例对比分析

项目式教学法与传统教学法在目标、方法和结果上存在显著差异。为了更直观地展示这两种方法的差异，我们将通过具体实例进行分析。

1. 教学目标

传统教学法：通常注重对知识的传授和记忆，目标是让学生掌握教材中的知识点，如古诗文的内容、作者和朝代等。

项目式教学法：强调学生的主动学习和深入探究，目标是通过项目活动让学生理解知识的应用，培养分析和解决问题的能力。

2. 教学方法

传统教学法实例：教师在课堂上讲解《静夜思》这首诗的背景、内容和意境，学生需要记忆并复述这些信息，并需要背诵诗文。

项目式教学法实例：学生分组进行一个关于唐代文化的研究项目，通过查阅资料、讨论和创作，最终制作出一个展示唐代文化特色的展板或模型，其中包括对《静夜思》的深入分析。

3. 学习过程

传统教学法：学生主要是被动接受知识，课堂上以听讲和笔记为主，课后完成作业和背诵。

项目式教学法：学生主动参与，通过小组合作、讨论和实践活动，共同完成项目任务。

4. 评价方式

传统教学法：通常通过笔试或口试来评估学生对知识点的掌握程度。

项目式教学法：评价更侧重于过程和结果，包括学生的参与度、创造性、合作能力和项目的完成质量。

5. 学习结果

传统教学法：学生可能会记住诗文和相关知识点，但对知识的深入理解和应用能力有限。

项目式教学法：学生通过项目活动不仅理解了诗文的意义，还能够将所学知识与历史文化背景相结合，从而提高自身的分析和综合能力。

总的来说，传统教学法更侧重于知识的传授和记忆，而项目式教学法则更注重学生的主动探究和实践能力的培养。项目式教学法通过实际操作和创造性活动，使学生能够更全面地理解和应用知识，从而在学习过程中发展批判性思维和解决问题的能力。通过上述比较，我们可以看到项目式学习在促进学生主动学习、深化理解和应用知识方面的显著优势。

三、项目式学习在国内外小学语文教学中的应用现状

（一）国际视野中的项目式学习实践

项目式学习在国际视野中被视为一种动态的教学方法，它不仅能够促进学生的主动学习，还鼓励他们通过实际项目的完成来掌握复杂的知识与技能。在全球范围内，不同国家和地区根据其教育体系的特点和文化背景，对项目式学习进行了不同程度的本土化改造和实践。

在欧洲，项目式学习通常被整合进跨学科的学习计划中，以此来培养学生的批判性思维、解决问题的能力以及团队合作精神。例如，芬兰的教育系统就十分重视现象学习，这是一种类似于项目式学习的教学策略，强调以学生为中心，解决真实世界的问题。

在北美，项目式学习被广泛应用于K12教育阶段以及高等教育中。在美国，STEM（科学、技术、工程和数学）领域的教育尤其倾向于采用项目式学习方法，以增强学生的实践

能力和创新思维。此外，加拿大的一些学区也通过项目式学习来促进原住民教育，尊重并融入了当地的文化元素。

在亚洲，项目式学习也开始受到重视。新加坡的教育体系就将项目式学习作为培养未来准备力景的重要手段之一。中国、韩国和日本等国家也在探索如何将项目式学习与传统教学相结合，以适应快速变化的社会和经济需求。

在拉丁美洲和非洲，尽管资源限制可能会影响项目式学习的实施，但一些国家和区域仍在努力推广这种教学模式。它们通常侧重于使用项目式学习来解决当地社区面临的实际问题，如环境保护、公共卫生和社会正义等。

国际间的项目式学习实践展示了多样化的特点，但也存在共同的挑战。其中之一是如何评估学生在项目式学习中的表现和学习成果，因为这需要不同于传统考试的评估方法。此外，教师的专业发展也是关键因素，教师需要具备设计和指导项目式学习项目的能力。

未来的发展趋势可能会看到项目式学习与技术的更深入整合，如利用虚拟现实（VR）、增强现实（AR）和人工智能（AI）等工具来丰富项目内容和提高互动性。同时，全球教育界也越来越关注项目式学习如何能够促进可持续发展目标的实现。

综上所述，项目式学习在国际视野中的实践展现了多元化的发展态势，它正成为连接不同文化、经济及教育系统的桥梁，帮助学生为全球化的世界中的各种挑战做好准备。

（二）国内项目式学习应用案例分析

在中国的教育场景中，项目式学习的应用日益广泛，并逐渐从传统的知识传授转变为以学生为中心的探究学习。在小学语文教育中，一些学校开始尝试将项目式学习引入古诗文教学，旨在通过实践活动提高学生的学习兴趣和文化理解能力。

一个典型的案例是某地级市的实验小学开展的"诗意校园"项目。在这个项目中，学生被引导进入《诗经》的世界，教师首先对《诗经》的历史背景、文化价值和艺术特色进行讲解。之后，学生们分组进行主题研究，每组选取一首或几首诗歌，探讨其深层含义，并将研究成果以多种形式展现出来，如朗诵会、戏剧表演、书画展示等。

在这个过程中，学生们不仅学习了古诗词的语言文字，更重要的是体验了古人的情感世界和社会生活。他们通过团队合作，共同完成项目任务，培养了自身的解题能力和社交技能。同时，通过创作自己的诗歌，孩子们的创造力和表达能力也得到了提升。

除了古诗文教学之外，国内还有许多其他领域的项目式学习应用案例。例如，在科学教育领域，一些学校通过实施环保主题的项目，让学生实际调查校园内外的环境问题，提出解决方案，并与社区合作，推动环保行动的实施。这样的项目不仅加深了学生对科学知识的理解，而且培养了他们的社会责任感和公民意识。

技术与工程教育方面，项目式学习也被用来激发学生的创新精神和实践能力。在某高科技城市的中学，学生们参与了智能机器人的设计和制作项目。他们需要运用所学的编程技能和机械知识，解决实际问题，如自动导航、障碍物避让等。通过这样的项目实践，学生们不仅掌握了专业知识，还学会了如何协作、沟通，以及解决问题。

这些案例表明，项目式学习作为一种教学模式，正在逐步改变中国学生的学习方式，使他们从被动接受知识向主动探索实践转变。这种转变有助于学生形成终身学习的能力，为他们适应快速变化的未来社会打下坚实的基础。

然而，项目式学习在国内的推广仍面临挑战。一方面，教师需要具备相应的专业素养和项目指导能力；另一方面，学校和教育管理部门需要提供必要的资源和支持，包括教材、设施、时间安排等。此外，传统的考试评价体系也需要改革，以适应项目式学习模式下的学生评估。

尽管存在挑战，但项目式学习在中国教育中的应用前景广阔。随着教育理念的不断更新和教育实践的深入探索，项目式学习有望成为激发学生潜力、培养其综合素质的重要途径，从而为我国培养出更多具有创新能力和国际视野的人才。

（三）项目式学习实践对学生语文素养的影响

项目式学习作为一种教学模式，在国内外的教育实践中已经取得了显著成效，尤其是在提升学生的语文素养方面。通过项目式学习的实施，学生不仅加深了对语言知识的理解，更在写作、演讲和批判性思维等多方面的能力上得到了显著提升。

第一，项目式学习鼓励学生深入文本，挖掘信息并进行深层次的思考。在一个以文学作品为核心的项目中，学生需要阅读、解析并讨论文本，这样的过程促进了他们的理解力和分析力。例如，通过对古诗文的学习和研究，学生能够掌握诗歌的韵律美、意境深远以及丰富的历史文化背景，从而增强解构和评价类似文学作品的能力。

第二，项目式学习强调学生的参与和实践，使他们在实际语境中运用语文知识。在一个要求学生创作自己诗歌的项目中，学生不仅要理解诗歌的形式和内容，还要尝试运用所学的技巧来创作新的作品。这种实践活动有助于提高学生的创造力和表达能力。

第三，项目式学习通过团队合作和项目展示，锻炼了学生的沟通和协作能力。在完成项目的过程中，学生必须与同伴交流想法、分享信息并协同工作。这不仅提升了他们的语言表达能力，还培养了学生善于倾听和反馈的技能，这些都是有效沟通的重要组成部分。

第四，项目式学习还帮助学生建立起主动探索和终身学习的意识。在项目实施的过程中，学生学会了如何独立寻找资源、评估信息的可靠性以及自主解决问题。这些技能对于他们适应快速变化的社会和终身学习至关重要。

可见，项目式学习可以对学生的语文素养产生深远的影响。通过项目式学习的实践，学生能够全面提升语文能力，同时进一步培养出适应21世纪所需的关键技能。因此，项目式学习在语文教学中的推广值得进一步的探索和实施。

四、项目式学习对教师和学生角色的重新定义

项目式学习作为一种学生中心的教学方法，对教师和学生的角色提出了新的要求和期待。在这一部分中，我们将讨论项目式学习是如何重新定义教师和学生的角色，并探索这种角色转变对于教学策略、课堂管理和学习氛围的影响，以及如何实现这种角色转变。

教师角色的转变。在项目式学习模式下，教师不再是知识的唯一来源或主要传递者，而是变成了学习的设计师、促进者和协助者。教师需要开发和设计具有挑战性和相关性的项目，为学生提供真实世界的学习情境。这要求教师不仅需要具备学科知识，还要了解如何将理论与实践相结合，并能够运用多元化的教学策略来激发学生的积极参与。

在项目式学习的课堂上，教师还需要掌握引导讨论、监督项目进展、提供及时反馈和评估学生工作的技能。他们必须灵活地适应学生的需求，同时保持项目的结构性和目标明确性。此外，教师还应鼓励风险承担和容错的氛围，以支持学生的尝试和创新。

学生角色的转变。对于学生而言，项目式学习的实施则意味着他们从被动的知识接受者转变为主动的学习参与者和知识建构者。学生被期望能够积极投入到项目中，进行独立研究，协作解决问题，并与同伴分享他们的发现。在这个过程中，学生需要发展自我管理、时间管理和批判性思维等一

系列技能。

为了促进这种角色转变，教师可以采取以下策略：

（1）明确期望：在项目开始之前，向学生清晰地传达项目目标、评估标准和预期成果。

（2）培训和指导：提供必要的培训和资源，帮助学生发展研究、分析和项目管理的技能。

（3）分阶段支持：项目过程中提供阶段性指导和支持，确保学生在遇到困难时能够得到帮助。

（4）反思和调整：鼓励学生进行定期的自我反思，并根据反馈调整学习策略和项目方向。

（5）展示和共享：为学生提供展示他们工作的机会，并鼓励他们在同伴之间主动分享经验和教训。

通过这些方法，教师可以帮助学生逐步适应新的学习方式，并最终实现自主和终身学习的目标。同时，教师本身也需要不断学习和适应，以满足项目式学习带来的新挑战。

综上所述，项目式学习要求教师和学生进行角色上的重新定位，这不仅影响了教学策略和课堂管理，也改变了学习氛围和师生互动的方式。通过实施项目式学习，不仅提升了学生的语文素养，还为培养未来社会所需的自主、创新和终身学习者奠定了基础。

小学语文教学的新视角

一、小学语文教学的目标与挑战

在当前的教育环境中，小学语文教学面临着多样化的目标与挑战。教学目标不再仅仅局限于传授基础的读写能力，而是拓展到培养学生的综合语文素养，包括文学鉴赏、批判性思维、创意表达和沟通交流等能力。这些目标的核心在于适应21世纪社会对于个体复杂语言运用的要求，以此促进学生在多元化的信息时代中做到有效交流、创新思考并自主解决问题。这不仅要求学生需要掌握语言的基本规则和技能，还要求他们能够在跨文化和社会语境中灵活运用语言，并进行有效的沟通和互动。

同时，小学语文教学也面临众多挑战，首当其冲的是如何激发学生的学习兴趣。在数字化时代背景下成长的学生，往往对传统的教学内容和方法缺乏兴趣，他们渴望互动、参与和探索。因此，如何使语文课程内容生动有趣，与学生的生活实际相连，成为教师需要解决的关键问题。

此外，随着信息技术的快速发展，如何有效地将现代技术融入传统教学，提高教学效率和质量，也是当前小学语文教学面临的一大挑战。值得一提的是，技术不仅可以丰富教学手段和资源，还可以帮助教师更好地跟踪学生的学习进度，实现个性化教学。

学校教育与学生日常生活的联系也是一个不容忽视的挑战。在传统的教学模式中，学习内容往往与学生的生活环境脱节，导致学生难以理解知识的实际应用价值。因此，如何更好地将学校教育与学生的日常生活联系起来，使学生能够在实际生活中应用所学知识，是提升教学效果的关键。

项目式学习作为一种以学生中心的教学模式，提供了应对这些挑战的可能路径。项目式学习强调以学生为主体，通过设计和实施有意义的项目来促进学生的主动学习和探究。在项目式学习模式下，学生被鼓励积极参与到学习过程中，通过实际操作、合作交流和反思，他们不仅学习到语文知识，还能够培养自身解决问题的能力。

例如，在一个关于社区历史的项目中，学生可以采访社区的长者，收集和记录口头历史，然后整理成文本。这样的项目不仅让学生在实践中学习语文知识，还能够增强他们对本地文化的了解和认同。通过这种方式，项目式学习将语文教学与学生的实际生活紧密相连，使学生在学习过程中能够感受到知识的价值和意义。

项目式学习还能够促进跨学科学习，打破学科界限。在一个跨学科的项目中，学生可以同时学习语文、历史、艺术等多个学科的知识。例如，在学习古诗文时，学生可以结合历史背景来理解文学作品，通过绘画或戏剧表演来表现他们的理解。这种跨学科的学习方式有助于学生建立知识之间的联系，促进深层次的理解和应用。

总之，小学语文教学的目标与挑战在21世纪的教育背景下呈现出新的特点。项目式学习作为一种有效的教学策略，能够帮助教师应对这些挑战，从而激发学生的学习兴趣，提高学生的综合语文素养，为学生的终身学习和未来的发展奠定坚实的基础。

二、小学语文知识与实际生活的联系

小学语文知识不应只停留在书本上，而应与学生的实际生活紧密相连。在传统的教育模式中，小学语文知识往往被视为书本上的抽象内容，与学生的日常生活存在一定的脱节。然而，随着教育理念的不断更新，人们开始认识到语文知识与实际生活联系的重要性。项目式学习作为一种以学生为中心的教学模式，为缩小这一差距提供了有效的途径。

同时，项目式学习强调将学习内容与现实生活紧密结合，通过设计具有实际意义的项目来促进学生的主动学习和实践应用。在小学语文教学中，教师可以利用项目式学习模式，设计与学生生活紧密相关的项目主题，使学生在实际操作和探究中学习语文知识，并理解其在现实生活中的应用价值。

例如，教师可以设计一个探索本地社区历史的项目。在这个项目中，学生需要走出课堂，走访社区中的老建筑、历史遗迹，或者与社区的长者进行交流，收集关于社区历史的信息。通过这样的活动，学生不仅能够学习到如何收集和整理信息，还能够在实际情境中练习听、说、读、写等语文基本技能。同时，这种项目还有助于增强学生对本地文化和历史的了解，提升他们对自身身份和文化的认同感。

另一个案例是研究家乡的民俗文化。教师可以让学生调查家乡的传统节日、习俗或手工艺品，了解这些文化现象背后的历史和意义。学生可以通过阅读相关的书籍、采访当地的手艺人或居民，甚至亲自尝试制作传统手工艺品来深入探究。在这个过程中，学生不仅能够学习到关于语言和文化的知识，还能够培养他们的观察力、思考力和创造力。

通过这些与生活紧密联系的项目，学生能够更好地理解语文知识的实际应用，感受到学习的乐趣和价值。同时，这种学习方式也有助于培养学生的社会责任感和公民意识，为他们未来的成长和发展奠定坚实的基础。

此外，项目式学习还能够促进学生的跨学科学习。在一个项目中，学生可能需要运用多种学科的知识和技能，如历史、科学、艺术等。这种跨学科的学习方式有助于打破学科之间的界限，让学生在综合的语境中理解和应用语文知识。

为了实现这些目标，教师需要转变角色，从知识的传授者变为学习的引导者和组织者；教师需要具备设计和组织项目的能力，并提供必要的资源和支持，引导学生进行探究和反思。同时，教师还需要对学生的进展进行评估和反馈，帮助他们不断进步。

小学语文知识与实际生活的联系是不可或缺的。通过项目式学习，教师可以设计与学生生活紧密相关的项目主题，让学生在实际操作和探究中学习语文知识，并理解其在现实生活中的应用价值。这种学习方式不仅能够提高学生的语文素养，还能够培养他们的综合素养和社会责任感。

三、小学语文教学中跨学科整合的可能性与必要性

跨学科整合在当代教育中被广泛认为是提升学生学习效率和深度的重要途径。在小学语文教学中，这一理念尤为重要，因为它不仅能够丰富学生的知识体系，还能够激发学生的学习兴趣，培养他们的综合素养。本文将探讨跨学科整合在小学语文教学中的可能性与必要性，并通过具体的教学案例来阐述如何实施这一教学模式。

首先，跨学科整合为小学语文教学提供了丰富的教学资源和多样化的教学手段。传统语文教学往往局限于文学、语法和写作等方面，而跨学科整合能够将这些内容与其他学科相结合，创造出更为广泛的学习领域。例如，结合历史学科，学生可以在学习古代文学作品时，同时了解作品背后的历史背景，探究历史事件对文学创作的影响。这种整合不仅加深了学生对文学的理解，还让他们对历史知识有了更直观的认识。

其次，跨学科整合的必要性在于它能够促进学生建立知识之间的联系。在传统的教学模式中，不同学科的知识往

往是孤立的，学生难以看到不同学科之间的联系。通过跨学科整合，学生能够认识到语文知识在其他学科中的应用，从而建立起一个更加完整的知识网络。这种知识网络不仅有助于学生的学术成就，还能够培养他们的批判性思维和创新能力。

为了更好地理解跨学科整合在小学语文教学中的应用，我们可以通过一个关于古代文明的教学项目来进行说明。在这个项目中，教师可以设计一系列跨学科的活动，让学生在学习语文的同时，也接触到历史、艺术和科学等领域的知识。

第一，教师可以让学生阅读古代文明相关的历史文献，如《史记》《资治通鉴》等，这些文献不仅包含了丰富的历史信息，还蕴含了深厚的文学价值。学生在阅读的过程中，既可以学习到古代文明的历史知识，又能够欣赏到古代文人的文学才华。

第二，教师可以引导学生研究古代文明的社会结构，让学生通过社会学的视角来分析古代社会的等级制度、经济模式和社会规范。这不仅能够帮助学生深入理解古代社会的生活方式，还能够让他们学会如何运用社会学的分析方法。

第三，教师还可以组织学生了解古文明的艺术和建筑。学生可以通过艺术课程学习古代的绘画、雕塑和建筑风格，了解这些艺术作品背后的文化和历史意义。同时，通过科学课程，学生可以探究古代建筑的结构和材料，了解古代人民如何利用有限的资源和技术建造出宏伟的建筑。

在整个项目过程中，学生不断地在语文、历史、艺术和科学之间切换，他们的思维方式和学习视角也随之不断扩展。这种跨学科的学习方式不仅丰富了学生的知识体系，还激发了他们的学习兴趣，提高了他们的综合素质。

第四，跨学科整合的成功实施需要教师具备跨学科的知识和教学能力。教师不仅需要掌握本学科的知识，还需要对其他学科有足够的了解，才能够设计出合理有效的跨学科教学活动。同时，教师还需要具备创新意识和灵活的教学策略，以适应不断变化的教学环境和学生需求。

总之，跨学科整合在小学语文教学中具有重要的可能性和必要性。通过与其他学科的融合，语文教学可以变得更加丰富和立体，有助于学生建立知识之间的联系，促进其对知识的深层次理解和应用。为了实现这一目标，教师需要不断提升自身的跨学科知识和教学能力，为学生创造一个更加全面和多元的学习环境。

四、创设情境与问题导向的小学语文教学策略

在新课程改革的背景下，小学语文教学正逐步从传统的知识传授型向能力培养型转变。为了适应这一变化，教育者们开始探索更加有效的教学方法，特别是在小学语文教学中，如何激发学生的学习兴趣，提高他们的参与度和学习动力，是每位语文教师都需要面对的挑战。项目化教学是一种以学生为中心的教学模式，它强调学生主动参与、自主进行探究式学习和合作交流。在项目化教学中，教师不再是知识

的传授者，而是学生学习的引导者和协助者。为了有效地实施项目化教学，教师需要创设真实且吸引人的学习场景，提出开放式的问题，鼓励学生主动探索和解决问题。

以部编版四年级下册《黄继光》一课为例，我们可以探讨如何将情境与问题导向策略运用于项目化教学中，以提高小学生的学习兴趣、参与度和学习动力。以下是具体步骤：

（1）确定项目主题：以《黄继光》一课为例，确定项目主题为"英雄的品格——黄继光"。

（2）创设情境：教师可以根据课文内容，设计一个模拟战场的情境，让学生扮演黄继光及其战友，通过角色扮演的方式，学生可以更加身临其境地感受战争的残酷和英雄的勇敢。

（3）提出开放式问题：在情境教学中，教师需要提出一些开放式的问题，引导学生思考。例如："如果你是黄继光，面对敌人的火力点，你会怎么做？"或者"你认为黄继光的行为对你有什么启示？"这些问题不仅能够激发学生的思考，还能够引导他们从不同的角度去理解和评价英雄的行为。

（4）分组探究：将学生分为若干小组，让他们进行讨论和合作，共同解决问题。每个小组根据教师提出的问题进行讨论和探究，教师可以提供一些相关的资料和信息来源，帮助学生更好地理解课文内容和历史背景。

（5）展示与交流：每个小组将自己的探究成果进行展示和交流，其他小组可以提出问题或补充意见，让他们互相学习和评价。这样不仅可以提高学生的表达能力和自信心，也可以培养他们的团队合作精神和批判性思维。

（6）反思与评价：每一次的教学活动结束后，教师应该引导学生自主进行反思，让他们总结学到了什么，哪些地方做得好，哪些地方还需要改进。同时，教师也应该给予学生及时的反馈和评价，帮助他们认识到自己的进步和不足。

通过这样的创设情境与问题导向的项目化教学，学生不仅能够在具体的语境中学习语文知识，还能够提高他们的参与度和学习动力，同时也培养了他们的创新能力和解决问题的能力，从而更好地提升自身的综合性学习素养。作为教师，我们应该不断探索和实践这种教学策略，为学生创造一个更加丰富多彩的学习世界。

设计高效的小学语文项目式
学习活动

一、确定项目的主题与目标

在小学语文教学的项目化学习设计中，确立项目主题与目标是至关重要的首要步骤。这一过程不仅涉及教学内容的挑选，也关乎整个项目能否成功引发学生兴趣、提升他们的学习动力，以及最终达成预定的教学效果。

（一）选择主题

项目主题的选择应基于学生的兴趣和年龄特征，同时与课程标准和教材内容紧密结合。例如，针对部编版四年级下册《黄继光》一课，项目主题可以是"英雄的品格——黄继光"。通过这一主题，学生不仅能学习到关于英雄事迹的知识，还能进一步探讨品格教育的重要性。

在选择主题时，教师应考虑以下因素：

吸引力：主题需要足够吸引学生，激发他们的好奇心和探究欲。

相关性：主题应与学生的生活经验相关联，使学生能够看到学习的实际应用。

文化价值：主题应具有一定的文化背景，有助于培养学生的文化认同感和民族自豪感。

（二）设定目标

教学目标的设定应严格遵循SMART原则，即具体（Specific）、可测量（Measurable）、可达成（Attainable）、相关（Relevant）、时限（Time-bound）。对于"英雄的品格——黄继光"这一主题，设定目标包括：

（1）提高阅读理解能力：学生能够理解文本内容，并能够提取关键信息。

（2）增强写作技巧：学生能够通过写作表达对英雄品格的理解。

（3）加深对文化背景的理解：学生能够了解历史背景，并将英雄故事与当代价值观联系起来。

为了确保目标的实现，教师需要制订明确的评估标准，如通过学生的作业、小组讨论和展示或其他形式的评估来衡量学生的学习成果。此外，目标应当是可达成的，符合学生的实际能力和资源条件，并且要在规定的时限内完成。

在确定了主题与目标后，教师需要将这些信息明确地传达给学生，确保他们对即将进行的项目有一个清晰的认识和期待。这样，学生就能在学习过程中有目的性地积极参与，逐步实现自我导向的学习。

确定项目的主题与目标是一个综合性的过程，它要求教师充分考虑学生的需求、教学内容的特点以及教育目标的要求。通过精心的设计，项目式学习将能够有效地提升小学生的综合性学习素养。

二、设计项目的框架与步骤

在小学语文的项目式学习中，一个清晰且具有执行力的项目框架是成功的关键。本框架细致规划了从项目启动到结束的每一个阶段，并确保每个步骤的目的性和有效性。

（一）项目启动阶段

在启动阶段，教师需要向学生明确介绍项目的背景、目的以及预期的学习成果。这一阶段的关键任务是激发学生的兴趣和投入感，帮助他们理解项目的重要性及其个人相关性。例如，在"英雄的品格——黄继光"项目中，教师可以展示关于黄继光的图片、英雄事迹的资料，让学生了解即将要探索的内容。

（二）项目执行阶段

在执行阶段，学生将进行分组合作，每个小组根据教师提供的指导和计划开展各自的项目任务。在这一阶段，教师应设计具体的学习活动，如角色扮演、文学创作、历史研究等，以促进学生的积极参与。例如，学生可以通过团队协作编写和表演一个以黄继光为主题的短剧。

（三）项目监控阶段

在项目进行过程中，教师需跟踪每个小组的进度，并提供必要的指导和反馈。这个阶段要求教师既要给予学生足够的自主空间，又要确保他们不会偏离既定目标。通过定期检查、学生日志、进度报告等方式，教师可以及时了解每个学生或小组的工作状态。

（四）项目结束阶段

在项目结束时，学生需要展示他们的成果，这可能包括报告、演讲、戏剧表演或其他创造性作品。之后，教师和学生共同进行评价和反思。这不仅包括对最终成果的评价，更重要的是对整个学习过程的反思，让学生从中认识到自己的成长点和需要改进的地方。

在整个项目框架中，时间和资源的分配必须得到充分考虑。教师应在项目开始前制订详细的时间表，并确保所有必要的资源，如资料、工具和场地等都得到妥善安排。此外，教师还需要考虑如何有效利用课堂时间，以及如何布置家庭作业以延伸学生的学习体验。

通过以上精心设计的框架和步骤，项目式学习能够确保学生在小学语文的学习中得到充分的参与感，并在探究和合作的过程中提升自身的综合性学习素养。

三、创造真实的学习情境

在小学语文的项目式学习中，创造真实和具有挑战性的学习情境，对于增强学生的实际应用能力和深化理解至关重要。真实的学习情境可以借助各种方法实现，如模拟情境、实地考察、角色扮演等，这些方法都有助于将书本知识与现实生活紧密结合。

（一）模拟情境

通过设置模拟情境，学生能够身临其境地体验和理解学习内容。以《黄继光》一课为例，教师可以在教室内布置模拟的战场环境，使用道具如迷彩网、战斗服装、模拟武器等来营造氛围。学生分配不同角色，如士兵、指挥官、战地记者等，通过角色扮演活动进行互动；使得学生能够更加深刻地体验故事情节并理解历史背景。

（二）实地考察

如果条件允许，教师可以组织学生进行实地考察，比如参观与黄继光有关的历史博物馆或纪念馆。在现场，学生能够直观地看到历史文物、照片和其他展品，听取讲解员的详细介绍，从而更加生动地了解英雄事迹和相关历史知识。

（三）角色扮演

角色扮演是让学生深入文本的又一有效方式。学生不仅要扮演书中的角色，还要设身处地地思考和表达角色的思想感情。例如，在探究黄继光的英雄品格时，学生可以扮演黄继光本人，其他同学可以扮演他的战友或家人，通过即兴对话或结构化的访谈来探讨品格背后的价值观和动机。

创造真实的学习情境不仅能够提高学生的参与度和学习动力，还能帮助他们建立起对知识的深层理解，并将所学应用到新的情境中。此外，这样的学习体验还有助于培养学生的同理心、批判性思维能力以及解决问题的能力。

在设计项目式学习活动时，教师需要考虑如何有效地利用各种资源和技术手段来创造真实且引人入胜的学习情境，从而提升教学效果和学生的学习体验。通过将学习内容与学生的实际生活和情感体验相联系，项目式学习将成为一次富有成效的教育经历。

四、选择合适的跨学科整合点

项目式学习的优势之一是能够进行跨学科整合。在小学语文的项目式学习中，通过跨学科整合可以极大地拓展学生的知识视野，并加深他们对语文材料的理解。教师的任务是选择与语文学科紧密相关且能够促进学生全面发展的跨学科整合点，如历史、地理、艺术等，这样可以帮助学生多角度地理解和吸收知识。

（一）历史整合

如前文所述，当学生学习关于黄继光这样的历史人物时，结合历史学科是自然而然的选择。教师可以带领学生探究黄继光生活的时代背景，包括抗美援朝战争的历史、当时中国社会的情况等。通过了解这些历史事件，学生不仅能更深刻地理解文本，而且能将故事放在更广阔的历史脉络中进行思考。

（二）地理整合

地理是另一个与历史紧密相关的学科。学生可以通过学习黄继光生活和战斗的地理位置，增强对文本的感知。例如，教师可以使用地图来指出黄继光所在的部队位置、重要战役的发生地等。这种地理定位的方法有助于学生在空间上理解具象化抽象的历史事件，增强自身的记忆和理解。

（三）艺术整合

艺术可以提供另一种视角来探索语文材料。在研究古代诗词时，学生可以创作自己的诗歌或绘画，表达对某个历史时期或文化背景的理解。此外，学生还可以尝试传统书法或绘画，模仿古代艺术作品的风格，从艺术角度体验和欣赏历史文化。

（四）科学和技术整合

历史和文学的学习也可以与科学和技术相结合。例如，学生可以借助电子工具来创建时间线，展示不同历史事件之间的关联；或者使用演示软件来制作关于历史人物或事件的多媒体展示。这样的技能不仅促进了学生对语文内容的学习，还锻炼了他们的信息技术能力。

在选择跨学科整合点时，教师应考虑学生的兴趣和年龄适宜性，确保所选内容既有教育意义又能够激发学生的兴趣。同时，教师需要具备跨学科知识背景，或与其他学科的教师合作，以确保整合的准确性和深度。

通过跨学科整合，项目式学习不仅能够提升学生的语文素养，还能让他们在多学科知识的基础上建立联系，从而形成更为全面的认知结构和更加丰富的学习体验。这种综合方法有助于培养学生的未来思维能力，为他们面对复杂多变的世界做好准备。

五、引导学生进行探究与合作

在小学语文的项目式学习中，教师的角色由传统的知识传递者转变为学习的引导者和协助者。这一转变要求教师为学生的探究和合作提供必要的空间和资源，同时确保学生在学习过程中充分发展各项技能。

（一）鼓励提出问题

教师需要营造一个开放的学习氛围，鼓励学生提出问题并进行探索。例如，在探讨《黄继光》的故事时，教师可以激发学生对于英雄主义、战争的影响以及历史记载的真实性等问题的思考。通过提问，学生开始对文本内容进行深入的分析和批判性思考。

（二）自主探究

教师应促使学生在项目式学习中进行自主探究。这可以通过提供选择性任务来实现，如让学生选择研究黄继光生平的特定方面，或者对其英雄事迹背后的道德价值观进行深入分析。在探究的过程中，学生利用图书馆、互联网及其他资源来搜集信息，并逐步学会如何独立处理和评估信息。

（三）小组合作

合作学习是项目式学习的核心环节。学生被鼓励在小组内分工合作，共同完成项目。在进行"英雄的品格——黄继光"项目时，小组成员可能需要一起讨论剧本编写、角色扮演的安排或展示材料的制作。在这个过程中，教师要教授有效的团队合作策略，如明确角色分配、制订工作计划、定期检查进度等。

（四）沟通与冲突解决

有效的沟通和冲突解决技能对于合作学习至关重要。教师应当教授学生如何表达自己的观点、倾听他人意见并给予反馈。当出现分歧时，教师应指导学生找到解决问题的建设性方法，而不是选择回避或对立。

（五）反思与评价

项目完成后，除了对学生的成果进行评价外，更重要的是引导学生进行个人和团队的反思。他们需要评估自己在探究和合作过程中的表现，包括所采取的策略、遇到的挑战和学到的经验。这种反思有助于学生巩固学习成果，并为其未来的学习发展提供方向。

通过本节所述的探究与合作教学策略，项目式学习不仅加深了学生对语文学科的理解，还锻炼了他们的团队合作能力、社交技能以及解决问题的能力。这些技能对于学生的整体成长至关重要，为他们将来的学术生涯和日常生活奠定了坚实的基础。

评估与反馈：确保项目式学习的有效性

在小学语文教学中，项目式学习作为一种以学生为中心的教学模式，旨在通过真实场景的任务完成，促进学生综合素养的提升。然而，要确保这种教学模式的有效性，评估与反馈环节显得尤为重要。本部分将详细探讨如何在小学语文项目式学习中设计评估工具与标准，并结合过程性评价与结果性评价提供及时反馈与指导，以及利用评估结果改进教学方案。

一、设计评估工具与标准

在小学语文项目式学习中，评估是教学过程的重要组成部分。为了全面提升学生的综合性学习素养，评估工具的设计应当全面反映项目式学习的目标，不仅涵盖学生的知识掌握情况，还要包括思维能力、合作态度、创新能力等综合素质的评价。为此，教师需要设计一系列具有操作性的评估工具和明确的评价标准。

（一）评估工具的种类

评估工具应该多样化，以适应不同的评价需求。常见的评估工具包括：

（1）观察记录表：用于记录学生在日常学习过程中的表现，如参与度、互动情况和问题解决能力。

（2）自我评价表：让学生自己评价自己的学习过程和成果，促进自我反思。

（3）同伴评价表：同学之间相互评价，可以提高学生的批判性思维和相互学习的能力。

（4）教师评价表：由教师根据学生的表现进行评价，侧重于对学生学习成果的专业判断。

（5）项目作品评分表：针对学生完成的具体项目作品进行评价，考查学生的创造力和实践能力。

（二）评价标准的明确性

每一种评估工具都应配备明确的评价指标和评分标准。这些标准应该是量化的，以便于教师和学生都能清晰地了解评价的依据和期望达到的标准。例如，在进行"我的家乡"主题项目式学习活动时，可以设计以下评估工具和对应的评分细则：

（1）家乡文化知识理解测试：通过选择题、填空题等形式，测试学生对家乡文化知识的掌握程度。

（2）家乡介绍演讲：评价学生的演讲内容是否丰富、表达是否清晰、语言是否准确以及情感是否真挚传达。

（3）家乡文化研究报告：根据报告的结构、内容的深度、分析的逻辑性和创新性进行评分。

（4）团队合作过程表现：观察并记录学生在团队中的合作态度、沟通技巧和团队贡献度。

（三）评分细则的制定

对于每项评价，教师都应该制订详细的评分细则，以确保评价的公正性和准确性。例如，在家乡介绍演讲中，可以设定以下评分标准：

内容丰富性（20分）：是否涵盖了家乡的历史、地理、文化等方面。

表达清晰度（20分）：语言是否流畅，是否能够清楚地传达信息。

语言准确性（20分）：发音、语法是否正确，用词是否得当。

情感传达（20分）：是否能够表现出对家乡的热爱和自豪感。

现场反应（20分）：与听众的互动，以及对突发情况的应对能力。

通过这样的评估工具和评分标准，教师能够全面、客观地评价学生的学习成果，同时也能够为学生提供清晰的反馈，帮助他们了解自己的优势和需要改进的地方。这种评估方式不仅能够促进学生的学习，还能够帮助他们建立自信，激发他们继续学习和探索的兴趣。

为了进一步优化评估工具的设计，我们可以结合具体的教学案例来阐述如何实施这些评估方法。例如，在"我的家乡"主题学习活动中，教师可以设计一份详尽的评分指南，用于指导学生如何准备家乡文化知识理解测试、家乡介绍演讲和家乡文化研究报告。这份指南可以包括以下几个方面：

（1）测试准备：提供学习资源清单，包括书籍、网站和视频资料，帮助学生复习和准备测试。

（2）演讲技巧：提供演讲技巧的提示，如如何使用肢体语言、如何控制语速和语调、如何制作有效的视觉辅助材料等。

（3）报告结构：明确报告的基本结构，包括引言、主体和结论，并给出每个部分的写作指导和示例。

（4）创新要素：鼓励学生在报告中加入创新元素，如家乡的独特故事、访谈家乡的长辈或收集家乡的民间传说等。

（5）团队合作：提供团队合作的策略和技巧，帮助学生在小组活动中更有效地沟通和协作。

通过这些具体的指导和支持，学生可以更好地理解评估标准，并在项目式学习中取得更好的成绩。同时，教师也可以通过观察学生在项目中的表现，及时发现学生的困难和挑战，并提供针对性的帮助和指导。这种双向的评估和反馈机制，有助于形成一个积极的学习环境，让学生在不断的实践中成长和进步。

二、过程性评价与结果性评价的结合

在项目式学习中，评价体系的设计至关重要。这一体系不仅影响学生的学习动力和方向，还直接关系到学习成果的有效性和实际应用价值。为了全面促进学生的综合素质发展，教育者需要巧妙地将过程性评价与结果性评价结合起来。这样可以确保学生在学习过程中的每一分努力都得到认可，同时也保证最终的学习成果能够真实地反映出学生的知识和技能水平。

（一）过程性评价的重要性

过程性评价是对学生的学习行为、态度、策略以及取得的进步进行的持续性评价。这种评价方式强调学习的连续性和动态性，能为学生提供实时反馈，帮助他们识别自身的优势和劣势，从而调整学习策略。过程性评价的具体方法包括：

日常观察：教师可以通过观察学生在课堂上的参与程度、注意力集中情况，以及与同伴之间的互动来评估学生的学习状态。

学习日志：鼓励学生记录每天的学习心得、遭遇的问题以及相应的解决策略，以此来展示学生的自我监控和反思能力。

小组讨论：在小组合作环节，学生可以通过讨论和交流意见来展现他们的思考过程和沟通能力。

自我评价和同伴评价：通过自我评价和同伴评价的方

式，学生可以从不同的视角了解自己的表现，并增强自我认识和团队协作意识。

（二）结果性评价的重要性

结果性评价则更侧重于学习的成果，通常在项目结束时进行，以评估学生是否达到了预先设定的学习目标。结果性评价的形式可以包括：

项目作品的质量：对学生提交的项目作品的创意、内容、结构等方面进行综合评价，以判断其是否达到了预期的标准。

展示的表现：评价学生在项目展示中的语言表达能力、演示技巧以及应对问题的能力。

测试和考试：通过标准化的测试或考试来评估学生对知识点的掌握程度和应用能力。

（三）结合过程性评价与结果性评价的策略

为了更好地促进学生的学习，教师应当将过程性评价与结果性评价相结合。以下是一些实施策略：

（1）明确评价标准：在项目开始前，教师应向学生明确过程性评价和结果性评价的标准和期望，确保学生了解评价的依据。

（2）设计综合性评价活动：在项目中设计可以同时考查学生的学习过程和成果的评价活动，如模拟实验、研究报告、创意作品等。

（3）使用多元化的评价工具：结合观察记录、学习日志、自评表、同伴评价表等多种评价工具，全方位收集学生的学习信息。

（4）提供及时反馈：在项目进行中，教师应及时提供反馈，帮助学生了解自己的进步之处和需要改进的地方。

（5）鼓励自我反思：引导学生进行自我反思，思考学习过程中的成功和挑战，以及如何在未来的学习中应用所学知识和技能。

（6）建立评价档案：将学生的过程性评价和结果性评价记录整合在一起，形成评价档案，便于学生和家长全面了解学习情况。

（四）"诗歌创作"项目案例分析

以"诗歌创作"项目为例，过程性评价可以关注以下几个方面：

（1）创作过程的参与度：学生在诗歌创作活动中的积极参与程度，是否主动探索和尝试不同的诗歌形式。

（2）思考和修改的过程：学生在创作过程中的思考深度，以及他们如何接受反馈并进行修改。

（3）创作的努力程度：学生在诗歌创作中所付出的努力，包括资料搜集、草稿修订等。

结果性评价则可以侧重于以下几个方面：

（1）诗歌作品的创意：评价诗歌作品的原创性和创新性，是否展现了学生的个性和独特视角。

（2）语言运用：评价诗歌中语言的准确性、丰富性和表现力，包括韵律、节奏和意象的使用。

（3）艺术表现：评价诗歌的整体艺术效果，包括情感表达、视觉效果和朗读效果。

通过这种结合，教师能够全面了解学生的学习情况，并给予针对性的指导和支持。例如，如果一个学生在过程性评价中表现出积极参与的意愿，但在结果性评价中作品质量不佳，教师可以提供更多关于诗歌技巧和语言表达的指导。相反，如果学生的作品质量很高，但参与度不高，教师可能需要探讨如何激发学生的学习兴趣和参与意愿。

综上所述，过程性评价与结果性评价的结合不仅能够提供更全面的学习评价，还能够促进学生的全面发展。通过这种评价方式，学生能够在项目式学习中获得更丰富的学习体验，教师也能够更准确地把握学生的学习进展，从而为学生提供更有效的教学支持。

三、提供及时反馈与指导

在语文项目式学习中，及时有效的反馈与指导是至关重要的。这种学习模式要求学生参与到更为综合和创新的语文实践中，从而需要教师在整个学习过程中发挥更为重要的引导和支持作用。

在小学语文项目式学习中，为了确保学生获得具体、明确且操作性强的反馈与指导，教师可以遵循以下详细步骤进行教学设计。

（一）制订详细的评分标准和反馈准则

在项目伊始，教师应与学生共同讨论并明确各个项目的评估标准。以"我的梦想"作文项目为例，评估标准可以包括内容完整性、语言表达、拼写与标点、创意与想象力等几个方面，每个方面均设立具体的评分指标。例如，语言表达可由句子流畅度、描述丰富度、用词准确性等指标来衡量。这些标准应当公布给所有学生，使他们了解如何达到要求。

（二）分阶段提供即时反馈

在学生完成每一个阶段性任务后，教师应立即给予反馈。以"自然观察日记"项目为例，当学生提交一篇日记时，教师可以通过批改符号标注出拼写错误、语法问题，并提供一份详细的批改副本，指出文中的优点和待改进之处，并给出具体的改进建议。这种及时的反馈可以帮助学生在后续写作中更具针对性地提升作品质量。

（三）个性化指导方案

教师应根据每个学生的具体表现和能力水平提供个性化的指导。对于语言基础较弱的学生，教师可以安排一对一辅导，重点关注其句子结构、拼写和标点等方面的问题；而对于富有创造力的学生，教师可以鼓励他们尝试使用更多丰富的语言和修辞手法，引导他们进行深入的思考和创作。

（四）使用多种教学工具和方法

教师可以使用批注、评语、评分标准等书面反馈方式，也可以采用口头交流、同伴评议、小组讨论等互动形式。例如，在进行"童话故事改编"项目时，教师可以组织一次角色扮演活动，让学生在实践中学习对话和情节构建，然后进行小组讨论，互相评议彼此的表现，并提出改进建议。

（五）鼓励反思与积极行动

教师应鼓励学生对收到的反馈进行深刻反思，并制订行动计划。在这个过程中，教师可以与学生一起确定改进目标——如提高字迹的整洁度、增强故事的逻辑性等，并制订具体的实践步骤。此外，教师还应持续跟踪学生的学习进展，确保学生能够将反馈转化为实际的学习成果。

（六）利用技术辅助

教师可以利用在线平台、学习管理系统等技术手段来提供及时的书面反馈和监控学生的学习进度。例如，可以使用在线文档共享和编辑工具，让学生随时提交作业，教师则可以实时批改并提供反馈。这些工具还可以帮助教师更高效地管理学生的作业、提供即时反馈并与学生进行沟通。

（七）实施定期和总结性反馈

除了即时反馈之外，教师还应该定期（如每周或每两周）提供总结性反馈，帮助学生了解自己在过去一段时间内的整体表现和进步情况。这种反馈通常更加全面，可以涵盖学生在项目过程中表现出来的强项和弱项，以及他们如何应用之前收到的具体指导。

（八）开展同伴互评与自我评价

鼓励学生参与同伴互评和自我评价活动，这不仅能够培养学生的批判性思维和自我反省能力，还能增加他们对评价过程的参与感和责任感。例如，在进行"我的家乡"介绍项目时，学生可以先进行自我评价，然后交换展示内容进行同伴评审，最终由教师汇总所有的评价信息，给出最终反馈。

（九）创建反馈日志

教师可以为每个学生创建一个反馈日志，记录每次作品提交后的反馈和学生的表现，这样可以帮助教师追踪个体学生的长期进步，并在必要时调整教学策略。

（十）家长参与

定期与家长沟通，让家长了解学生在学校的学习情况，鼓励家长在家中支持孩子的语文学习。同时家长可以通过阅读孩子的作品、讨论孩子的学习计划等方式参与其中。

通过上述具体且操作性强的教学设计，教师能够在小学语文项目式学习中为学生提供及时精准的反馈与个性化的指导。这样的教学方法不仅有助于学生了解自己的学习状况，还能够激发他们的学习热情，促使他们在语文学习的各个方面取得显著进步。通过不断的实践、反馈和调整，学生能够在语文能力的提升之路上不断前进，最终成为具有创新意识和批判性思维的终身学习者。

四、利用评估结果改进教学方案

在小学语文项目式学习中，评估环节是提升教学质量和学生学习成效的关键，评估环节所揭示的信息对于教师指导未来教学的方向具有至关重要的作用。教师通过对评估数据的深入分析，可以准确把握学生在学习过程中遇到的难题、兴趣点以及发展潜力，从而有针对性地调整教学策略和内容。这种评估与教学的互动反馈循环，是实现教学持续改进和优化的基础。

（一）分析评估数据

首先，教师需要对评估数据进行详尽分析，这包括学生的作业成绩、项目作品、自我评价、同伴评价、观察日记以及其他任何形式的评估记录。通过这些数据，教师可以识别学生在特定领域的强项和弱点，了解学生对于课程内容的掌握程度以及他们的学习态度和行为。例如，在一次"我的小区"介绍项目中，教师通过分析学生的作业成绩、项目作品、自我评价、同伴评价以及观察日记，发现学生在表达自己观点时缺乏条理性。

（二）反思教学实践

基于评估结果，教师应进行自我反思，审视现有的教学方法是否有效，是否存在需要改进的地方。例如，如果学生在某个项目中表现出创造力不足，教师可能需要考虑是否提供了足够的创意空间，或者是否教授了足够的创新思维技巧。

（三）调整教学内容和方法

根据评估结果，教师可能需要调整教学内容，以更好地适应学生的学习需求。这可能意味着教师需要引入新的文学素材、增加语言艺术活动或提供不同类型的文本来吸引学生的学习兴趣。同时，教师还可以尝试不同的教学方法，如小组合作、角色扮演或多媒体教学，以提高学生的参与度和学习动力。

（四）补充学习资源

评估结果可能表明教师需要提供更多的学习资源来支持

学生的学习。这可能包括图书、在线资料、学习工具或其他
辅助材料。教师应确保这些资源既有趣又具有教育价值，以
激发学生的好奇心和探索欲。

（五）设计差异化教学

考虑到学生的差异性，教师应根据评估结果设计差异化
的教学策略。对于在某些领域表现出色的学生，教师可以提
供更具挑战性的材料和任务，以促进他们的进一步发展。对
于需要额外帮助的学生，教师应提供个性化的支持和干预，
帮助他们克服学习障碍。

（六）实施行动计划

基于上述分析和调整，教师应制订一个具体的行动计
划，明确下一步的教学目标和策略。这个计划应包括短期和
长期目标，以及实现这些目标的具体方法。

（七）持续监测和评估

改进后的教学方案需要通过持续的监测和评估来检验其
效果。这意味着教师需要定期收集学生的学习数据，观察学
生的反应，并根据新的评估结果进一步调整教学方案。

（八）建立沟通渠道

教师应与学生和家长保持开放的沟通渠道，让他们了解
评估结果以及基于这些结果所做的教学调整。这样可以进一
步增强家校合作，确保教学方案得到家庭的支持和配合。

（九）专业发展

教师还应利用评估结果作为自己专业发展的依据。通过
参加研讨会、工作坊或同行交流，教师可以了解最新的教学

理念和方法，不断提升自己的教学技能。

总结而言，通过利用评估结果来改进教学方案，教师可以确保小学语文项目式学习的持续进步和提升。这种以数据为导向的教学方法能够使教师更加敏感地响应学生的需求，从而更加有效地促进学生的综合性学习素养的发展。同时，它也为教师提供了一个不断学习和成长的机会，从而实现教师教学与学生学习的双向提升。

面向未来的小学语文项目式学习

一、培养学生的终身学习能力

在面向未来的教育中，小学语文项目式学习不仅仅是让学生掌握当前的知识和技能，更重要的是培养他们终身学习的能力和习惯。这意味着教师需要设计能够激发学生主动学习和探索欲望的项目，教会他们如何自主寻找信息、分析问题和解决问题。这要求教师必须从激发和引导学生的内在动力出发，设计能够引发学生好奇心、探索欲及自我驱动学习的项目。为了实现这一目标，教学中应融入一系列具有挑战性、相关性和探究性的活动，从而使学生习惯于主动求知和自主解决问题。

例如，教师可以开展"我的小研究"项目，鼓励学生在教师的指导下选择一个感兴趣的话题，进行独立或小组探究。通过此项目，学生将学会如何定义问题、制订研究计划、搜集信息和使用各种工具与资源，包括网络资源和图书馆资料等。此外，他们还将学习如何评估信息的可靠性、整理和分析数据，以及撰写和呈现研究报告。

　　为了确保学生能从项目中收获最大学习成效，教师的角色转变为辅导者和引导者。教师需要提供明确的指导和反馈，帮助学生设定切实可行的目标，同时也要鼓励他们自主思考和决策。例如，教师可以提供多种研究主题供学生选择，并帮助他们细化研究问题，确保研究主题既符合学生的兴趣，又具有适当的难度和深度。

　　在研究过程中，教师应教授学生有效的信息检索策略和笔记技巧，比如如何使用关键词搜索、如何区分主要和次要信息、如何记录引用来源等。这些技巧对于学生完成研究项目至关重要，同时也是终身学习的关键技能。

　　除了研究技能的培养外，批判性思维也是终身学习能力的一个重要组成部分。教师应鼓励学生质疑现有的知识和观点，评价不同来源的信息，并在此基础上建立自己的理解。为此，课堂上可以安排辩论、讨论和同伴评审等活动，让学生在交流和互动中锻炼自己的批判性思维能力。

　　最终，学生将通过展示自己的研究成果来结束项目。这个环节不仅是对学生研究能力的检验，也是对他们表达和沟通能力的考察。同时教师可以通过评价报告的内容、结构、语言运用和演示技巧等方面来反馈学生的综合语文能力。

　　除了"我的小研究"项目之外，还有许多其他的项目也可以促进学生的终身学习能力。以下是两个具体的例子：

　　（1）读书俱乐部。在这个项目中，学生会被邀请加入一个读书小组，定期阅读并讨论各种图书。教师可以先从学生感兴趣的主题出发，推荐一系列图书，然后引导学生进行深入的阅读和讨论。在讨论过程中，学生不仅能够提高他们的阅读理解能力，还能够学习如何从不同的角度来理解和评价书中的内容。此外，通过与同伴之间的交流和讨论，学生还能够提高他们的沟通和表达能力。这样的项目不仅能够培养学生的阅读兴趣和习惯，还能够帮助他们建立起终身学习的基础。

（2）新闻报道小组。在这个项目中，学生将被邀请创建自己的新闻报道小组，撰写和编辑有关学校活动或社区事件的新闻报道。教师可以提供一些基本的新闻写作和编辑技巧的培训，然后让学生在实践中学习和提高。通过这个项目，学生不仅能够提高他们的写作和编辑能力，还能够学习如何收集和整理信息、如何进行采访和报道，以及如何客观公正地传达信息。此外，通过与同伴合作完成新闻报道，学生还能够提高他们的团队合作和沟通能力。这样的项目不仅能够培养学生的新闻素养和公民意识，还能够帮助他们建立起终身学习的基础。

综上所述，通过项目式学习，小学语文教育不仅局限于传授知识，更重要的是教会学生如何学习，这将使他们受益终生。通过这些项目，学生能够在教师的指导下，以研究为基础，逐步建立起自主学习的框架，掌握终身学习的关键技能，如信息检索、批判性思维和有效沟通。这不仅有助于他们在小学阶段建立起坚实的语文基础，而且为他们未来的学习和生活奠定了自主和持续学习的基础。

二、强化学生的社会责任感和公民意识

在小学阶段，学生们正处于个性发展和价值观塑造的关键时期，其中社会责任感和公民意识的培养尤为重要。作为教育者，教师有责任引导学生理解和担当起作为社会成员的责任。语文项目式学习提供了一个理想的平台，让学生在真实的语境中学习和实践这些重要的价值观。通过精心设计的项目活动，学生不仅能够将课堂所学知识应用到现实生活中，还能够深刻理解和践行社会责任和公民角色。

为了强化学生的社会责任感和公民意识，教师可以组织"社区服务与分享"项目。通过参与"社区服务与分享"等项目，学生能够将课堂所学与现实世界紧密结合，从而体验服务社区的乐趣与价值。这类项目通常包括以下环节。

（一）项目策划

首先，教师会与学生一起讨论社区服务的概念，解释什么是社会责任感和公民意识，并举例说明这些概念在日常生活中的体现。其次，学生会在教师的指导下选择或设计服务项目，如为老年人讲述故事书、组织社区清洁活动、参与植树造林等。在策划阶段，学生需要分析目标群体的需求，考虑资源获取和管理，制订详细的行动计划，并评估可能的挑战和解决方案。例如，为老年人讲述故事书的项目，要求学生调研老年人喜欢的故事类型、讨论讲述技巧，以及如何制作辅助道具来吸引听众。

（二）实践执行

在具体的社区服务活动中，学生将有机会直接参与到社区的改善和建设中。他们不仅应用语文知识，如朗读技巧、故事复述等，还要学会与人沟通协作。在为老年人讲述故事的项目中，学生可能会遇到注意力分散的问题，需要学会如何吸引和保持听众的注意力。在社区清洁活动中，学生直接面对环保问题，学习垃圾分类，了解保护环境的具体行动。这些活动能够帮助学生将抽象概念转化为切实可行的行动。

（三）反思与讨论

服务完成后，教师组织学生进行集体反思。这是一个关键的环节，让学生自主分享经历，表达感受，相互学习和启发。教师通过提问促进深入思考，例如："你如何准备你的故事？""你遇到了哪些挑战，又是如何应对的？""通过这次服务，你对社会责任有了怎样的理解？"这种反思和讨论有助于学生深化对社会责任感和公民意识的认知。

（四）成果展示

为了让社区成员了解学生的服务活动，教师应支持学生以多种形式公开展示他们的成果。这不仅包括文字和图像展示，也可以是动态的演示，如表演或视频播放。例如，学生可以制作一部短片，记录他们为社区老人讲故事的过程，展示他们的准备工作、实际讲故事的场面以及老人的反馈。这样的展示可以在学校网站、社区中心或社交媒体上进行，从而让更多的人了解年轻一代所带来的积极影响。

（五）持续参与

为了培养学生长期的责任感和公民意识，教师应该鼓励学生持续参与社区服务。这可以通过建立长期项目实现，比如设立一个定期的读书会，每月一次的环境清洁活动，或者每季度一次的社区活动策划。学生可以在教师的指导下自行管理这些项目，从而培养自身的领导力和组织能力。

通过上述五个步骤的实施，学生在实践中学习，体验中成长。他们不仅掌握了语文知识和技能，还学会了如何作为一个有责任感和有担当的公民去关心和服务社会。通过不断的自我实践、反思、展示和持续参与，学生的社会责任感和公民意识得以增强和提升。

总之，通过"社区服务与分享"等项目式学习活动，可以有效地强化学生的社会责任感和公民意识。这种教育方式不仅使学生在实践中应用了自身所具备的语文知识和技能，还帮助他们建立起对社会的深刻理解和对未来角色的清晰认识，为他们成为社会的有用成员和负责任的公民打下了坚实的基础。

三、拓展学生的国际视野与跨文化沟通能力

（一）拓展学生的国际视野

在全球化日益加深的当代社会，国际视野和跨文化沟通能力成为学生综合素质的重要组成部分。这些能力不仅有助于学生未来在多元文化背景下的职业生涯发展，也有利于培养他们成为具有全球责任感的公民。小学阶段是培养学生这

些能力的黄金时期，而语文项目式学习则提供了一个理想的平台。

为了实现这一目标，教师可以设计并实施名为"我的国际笔友"项目。该项目旨在通过网络交流平台连接国内外的学生，让他们在相互交流的过程中拓宽国际视野，提升跨文化沟通技巧，并将语文知识应用于实际情境中。以下是该项目具体的实施方案。

1. 项目策划与准备

首先，教师需与国外学校或教育机构建立联系，搭建一个安全的网络交流平台，如利用学校的官方网站或专门的笔友交流网站。然后，教师需要向学生介绍这个项目的目标、意义以及操作流程，确保每个学生都了解如何安全地在网络上进行沟通和交流。

2. 交流内容与指导

在交流过程中，教师会提供一系列的话题供学生讨论，如各自的学校生活、节日习俗、家乡特色等。同时，教师也会教授学生如何用恰当的语言表达自己的观点，如何撰写电子邮件、信件，以及如何进行视频会话。此外，为帮助学生更好地理解不同文化，教师还可以组织相关的背景知识学习，比如讲解各国的历史、地理和文化特点。

3. 实践执行

在项目执行阶段，学生将定期与笔友进行交流，每次交流后，学生需要提交一份简短的报告，记录交谈内容和学到的新知识。这不仅让学生有机会练习书写和阅读技能，还让他们学会如何从不同角度理解和尊重异国文化。

4. 反思与讨论

定期的反思与讨论是项目的关键部分。每个月至少一次，教师会安排时间与学生一起回顾交流经历，讨论他们的感受、取得的进步以及遇到的困难。通过集体讨论，学生可以从同伴的经验中学习，并在教师的引导下思考如何克服跨文化沟通中的障碍。

5. 成果展示与分享

项目结束时，学生将整理自己的交流记录和心得体会，形成个人或小组报告。教师可以鼓励学生将这些报告分享到班级网站、学校的展览会或者学术会议上。此外，优秀的交流案例可以被编纂成册，作为学校教学资源库的一部分，供所有学生和教师参考使用。

6. 持续参与与拓展

为了确保学生能够持续参与并拓展其国际视野，学校可以与多个不同国家/地区的学校建立长期的交流合作关系。除了定期的书信往来，还可以组织视频会议、文化交流活动，甚至是短期的访问交换计划。通过这些活动，学生的国际视野和跨文化沟通能力将得到进一步的提升。

（二）拓展学生的跨文化沟通能力

通过"我的国际笔友"项目的实施，学生不仅能在实际语境中使用语文，还能在全球化的背景下培养自身的国际视野和跨文化沟通能力。这样的学习经历将使他们更加适应未来的国际化环境，为他们走向世界打下坚实的基础。

除此之外，结合粤港澳大湾区建设，我们可以创设一个名为"粤港澳青少年文化交流计划"的项目，旨在加强该地区内小学生之间的文化交流与互鉴。该计划可包含以下几个方面。

1. 项目启动与框架构建

首先，通过教育主管部门和相关机构的协助，确立项目合作框架及参与学校。这些学校包括来自中国香港、中国澳门两个特别行政区，以及广东各市的学校，以实现区域间的平衡参与。其次，制订项目的时间表、活动主题和交流协议，确保各校在平等、互利的基础上进行交流。

2. 交流活动内容设计

交流活动应围绕提升学生对粤港澳大湾区文化特色的认识以及增强他们的跨文化沟通能力。活动包括但不限于：文化交流营、文学创作研讨、传统文化体验、历史地标参访、环境保护项目等。通过这些互动性强的活动，学生可以在实地参观与体验中，深入了解各地区的文化特色和历史背景。

3. 资源共享与在线平台建设

利用现代信息技术建立起一个专门的在线交流平台，为三地学生提供实时交流的工具。这个平台不仅用于分享交流活动的进展和成果，还可以作为学生日常沟通的渠道，让他们在活动之外也能持续进行跨地区交流。

4. 实践活动与交流会

定期组织学生参与面对面的文化交流活动，例如夏季和冬季的文化交流会。在这些活动中，学生可以通过文艺表

演、学术报告、小组讨论等形式，展示自己在交流过程中的
学习成果。同时，他们也能在互动中锻炼自己的沟通技巧，
并与来自不同文化背景的伙伴建立友谊。

5. 反馈与评估体系建立

设立反馈和评估机制，收集学生、教师和家长对项目的
意见和建议。这可以通过问卷调查、访谈或定期评审会议来
完成。同时根据反馈结果调整项目内容，确保项目的持续改
进和发展。

通过"粤港澳青少年文化交流计划"，参与的学生能够
直接接触到不同文化背景的同学，亲身体验和理解邻近地区
的文化多样性。这种深度的交流和互动将有效地提升他们的
跨文化理解和沟通能力，同时为他们将来在大湾区乃至更广
泛的范围内开展学习和工作提供了宝贵的先行经验。

四、结合科技发展探索小学语文教学的新趋势

随着信息技术的飞速进步，小学语文教学正迎来前所未
有的改革机遇。在这一节中，我们将具体探讨如何将科技成
果融入传统的语文教学中，以期打造更加符合未来教育愿景
的教学模式。

（一）人工智能技术的应用

AI（人工智能）技术正在改变教育领域的教与学方式。
在小学语文教学中，AI可以通过智能分析学生的学习习惯和
能力水平，为他们提供个性化的学习建议和资源。例如，AI
系统可以根据学生在字词练习、阅读理解和写作中的表现，

动态调整难度和内容，以适应每个学生的独特需求。此外，AI辅助的自动化反馈机制能够及时为学生的作业和测试提供评价和指导，以减轻教师的工作负担，让他们有更多时间关注学生的个性化发展和情感交流。

（二）虚拟现实技术的沉浸式学习体验

VR（虚拟现实）技术提供了一种全新的教育手段，它能够将学生带入一个全方位的沉浸式学习环境。在小学语文教学中，VR可以用来重现古代诗文的背景、场景，让学生仿佛亲临其境地体验诗人的情感世界和历史时代背景。通过这种直观的体验，学生对文学作品的理解将更加深刻，记忆也更为持久。同时，VR还能帮助学生更好地理解复杂的语言概念和文化知识。

（三）云计算与协作学习的推动

云计算技术为教材资源的共享和协作学习提供了便捷的平台。通过云服务，教师可以高效地管理和分发教学资源，包括电子教科书、多媒体素材和互动练习等。学生可以随时随地访问这些资源，进行自主学习。此外，云端平台还可以支持学生之间的在线协作，如分组完成项目任务、在线讨论和共同编辑文档，从而培养学生的团队合作能力和沟通技巧。

（四）创新教学方法的实施策略

要将这些技术有效融入语文教学，需要采取以下具体化的策略：

（1）培训与发展：制订一套全面的教师培训计划，涵盖

基础的IT技能、特定教育技术的应用（如智能教学系统、VR
设备操作等），以及如何将这些技术融入课堂教学的策略。
此外，建立持续学习的社区，如专业发展网络，鼓励教师相
互学习和分享经验。

（2）课程设计与开发：与教育技术专家合作，开发符合
课程标准和学习目标的多媒体教材和互动式学习活动。教师
应该确保这些教学内容不仅吸引人，也能够有效地评估学生
的理解和应用能力。同时，探索反转课堂、项目式学习等教
学模式，将科技作为促进主动学习的工具。

（3）学习环境的优化：为每个教室配备必要的硬件设
施，如平板电脑、互动白板和良好的网络连接，并确保设备
的易用性和可访问性。同时创建支持性的软件环境，例如学
生和教师的个人学习管理系统账户，以及云端存储和共享
空间。

（4）学生参与度的提升：设计具有互动性和趣味性的学
习活动，如角色扮演游戏、模拟场景、在线竞赛和故事创作
工具，让学生积极参与语文学习。同时利用数据分析工具监
测学生的参与情况，及时调整教学策略以保持学习动力。

（5）家校合作的加强：通过家长专用的平台或应用程
序，提供学生在家学习情况的实时更新，增加家长的参与感
和支持。同时通过举办专门的科技教育研讨会和工作坊，帮
助家长理解新技术在教育中的应用价值，并提供指导，使家
长能够在家庭中有效地支持孩子的学习。结合这些策略，科
技不仅能够帮助提升学生的学习效率，增加教学互动性，而

且能够促进学生个性化学习和终身学习技能的发展。

总而言之，面向未来的小学语文项目式学习旨在培养学生的终身学习能力、社会责任感、国际视野和跨文化沟通能力，并结合科技发展探索教学的新趋势。通过这样的教学理念和方法，我们能够为学生提供一个全面发展的平台，帮助他们为未来的挑战做好准备。

中 篇

小学语文项目式学习及跨学科项目式学习案例

"传统文化我们来传承——从清明说起"项目案例

一、问题提出

在中国社会向现代社会转型的过程中，随着外来文化的渗透，小学生多在麦当劳、肯德基、冰激凌、可口可乐的熏染中长大，越来越多的中国孩子热衷于外来文化，对愚人节、圣诞节等外国节日的了解比中国传统节日更清楚，对祖国的传统文化产生了陌生感，教师有义务在学生的灵魂深处筑起民族文化的基础。

中华文化丰厚博大，民族文化充满了智慧。无论何时，我们仍然要倡导学习、传承和弘扬中华民族的优秀传统文化。在三年级语文下册第三单元的综合实践性学习活动——"中国传统节日"中，为了让学生更全面地了解中华传统文化，通过探究传统文化对学生进行人文素质教育，从而激发起学生传承传统文化的热情。基于此，我们提出：围绕"传统文化我们来传承——从清明说起"这一项目开展一系列的活动，进行了为期45天的跨学科项目式学习。

二、项目名称

传统文化我们来传承——从清明说起。

三、项目实施者

蓝兰、谢伟英、曾丽娟、何丽嫦、蒋凤仪。

四、学习目标

通过多种形式探究清明这一传统节日的文化，引导学生通过融合多学科知识，深刻了解清明这一传统节日的文化，让学习的方式更加多样化，学习起来更容易、更有趣。激发学生对传承传统文化的热情，提高学生的人文修养，积淀他们的文化功底，让学生打好传统的根基，传承好我国的传统文化。

（一）知识目标

（1）学生能通过多种方式了解清明传统文化并传承传统文化。

（2）学生能运用多学科知识，逐步形成发现问题、寻找方法、解决问题的能力。

（二）学科目标

语文学科：在语文学习的过程中，培养学生的爱国主义、集体主义、社会主义思想道德，并培养学生逐步形成正确的世界观、人生观、价值观。

热爱国家通用语言文字，感受语言文字及作品的独特价值，认识到中华文化的丰厚博大，从中汲取智慧，弘扬社会主义先进文化、革命文化、中华优秀传统文化，树立文化自信。

数学学科：能运用"统计与概率"领域中"数据统计与分析"的知识，结合信息化技术，锻炼学生统计分析的能力。

美术学科：能联系生活实际，运用色彩美学设计清明传统文化绘画、手抄报，进一步帮助学生理解传统文化，培养学生发现美、欣赏美、运用美的能力。

综合实践学科：通过调查分析、参与清明祭祀、项目展示会等活动，培养学生的表达能力、实践能力，从而提高学生传承传统文化的热情。

劳动学科：学生能用简单的蒸、煮等烹饪方法，形成生活自理能力，初步建立健康饮食的观念。同时引导学生能正确认识烹饪劳动的价值，形成热爱劳动的观念，在劳动的过程中融入传统文化，激发学生学习中华优秀传统文化的兴趣，树立民族自豪感。

（三）素养目标

通过项目学习的方式，我们鼓励学生将课堂知识与实际生活相结合，跨越学校与社会的界限，从而拓宽学习的应用领域。我们以学科知识和社会热点为主题，组织阅读、整理、研究和讨论等多样化活动，引导学生运用跨学科的知识去识别、分析并解决问题，进而提升他们的语言表达和文字运用能力，同时培养学生主动求知的精神和探究的意识，增强他们的学习能力和关键素质。在小组合作的过程中，学生还能培养团队协作、交流探索和分享成果等优秀品质，享受自主学习、探索和实践的乐趣。

五、项目实施过程

（一）提出问题

教师在课堂上教学古诗《清明》后，抛出问题："你了解清明节有什么习俗吗？""你知道清明节是为了纪念谁的吗？"让同学们进行小组讨论，引导他们以"如何更好地传承清明传统文化"为驱动问题，进行为期45天的跨学科项目式学习。

随后，围绕清明这一传统节日，经过讨论，学生在本班上进行一次调查活动，检测同学对清明传统文化的了解情况。

1. 设计调查问卷

问卷调查的对象主要集中在三年级的学生，同学们把有关于清明节的相关知识设置成了30个小问题，并通过信息技术——问卷星发布问卷。

2. 统计问卷，分析数据，发现问题

学生利用课后时间，请教师把问卷转发至家校交流群，请各位家长监督孩子独立完成问卷调查。根据数据分析，调查结果显示，大部分同学对于清明节的相关诗句比较了解，但对清明节的由来、习俗，以及具体的时间容易混淆。

3. 产生问题

根据这一结果，在教师的引导下，三年级学生围绕"清明传统文化你知多少？""怎样在实践生活中传承传统文化？"这些问题进行了头脑风暴，确定从以下活动中进行项目式学习。

（1）感受历史之美、文化之美——清明传统文化我来"演"、我会"读"。

（2）体验劳动之美——清明传统文化我会"做"。

（3）理解文化之美——清明传统文化我会"画"、我会"说"、我会"写"。

（4）传承文化魅力——我会"编"。

（二）深入探究

1. "演"清明

围绕清明这一传统节日，分小组上网查找清明节的由来、风俗习惯，利用课堂中对清明诗词学习的理解，小组讨论，分工合作，进行清明习俗的"演绎"，感受传统文化的历史之美。

（1）学生通过分组讨论，决定人物的扮演。

（2）编写好《寒食节的由来》小剧的剧本。

（3）把《清明》这首古诗改编成课本剧。

（4）利用课后时间完成节目排练。

（5）展示成果：课本剧展示。

2. "读"清明

清明催发着无数文人骚客的诗情雅兴，记录了许多古时的清明习俗与文化：悲欢离合、哀思绵绵、欢乐祥和、杨柳依依……，这些都是祖先留给我们的宝贵文化遗产。学生通过朗诵这些古诗词，能够进一步丰富语言积累，提高文学素养，感受古诗词的文化之美。

（1）学生查阅有关描写清明这一传统节日的古诗词，进行诵读。

（2）通过理解古诗词所表达出的情感，学生充分感受古诗词韵律之美。

（3）成果展示：进行清明古诗词接龙和吟诵，欣赏诗词韵律之美。

3. "做"清明

通过向长辈学习制作清明传统美食——艾糍，掌握一定的动手实践能力和传统美食制作方法，体验劳动的快乐。

（1）利用清明假期，在家向家长学习制作清明传统美食——艾糍。

（2）成果展示：在班级里介绍制作艾糍的方法，并把做好的艾糍和同学们分享。

4. "画"清明

清明节是中国四大传统节日之一，也是二十四节气之一，古诗有云"清明时节雨纷纷"，清明时节有扫墓、踏青、植树等风俗，通过绘画的形式，引导学生了解清明节的由来和风俗等知识，运用所学知识，并将网络、书籍等资料相结合，收集有关清明节的素材，精心构思，用优美的文字、精湛的画艺、合理巧妙的设计，制作出一幅幅精美的绘画作品，讲述清明的来历，抒发自己对中华传统经典的理解和感悟，传递中华传统经典正能量。

（1）小组合作完成绘画及手抄报作品。

（2）作品展示：通过作品展示及绘画说明，学生的表达能力得到锻炼和提升。

5."说"清明

学生通过"说"清明的方式，充分展示自己通过学习对清明传统节日的深刻理解。学生既深入了解了这个传统节日，又学会了如何去了解其他传统节日，同时还锻炼了他们的动手能力和语言表达能力。

（1）小组合作通过查找有关书籍、上网查找相关资料、询问他人等方法，收集关于清明节的资料。

（2）动手设计图文并茂的思维导图。

（3）成果展示：展示思维导图，与同学说说自己了解到的清明节。

6."写"清明

结合语文第三单元的综合性学习活动，指导学生学会通过不同的渠道，收集介绍我国传统节日的资料，感受身边的优秀传统文化，鼓励学生用文字记录下自己对清明这一传统节日的理解和感受。

（1）组织学生分组从清明节的由来、相关诗句、习俗、故事等方面，收集关于清明节的资料，整理成一份文字档案。

（2）学生参加清明祭祖活动，在实践中感受清明节的习俗与文化，会用文字记录当时参加活动的过程和感受。

（3）通过作文习作，让学生把对传统节日的理解和传承进行深刻表达，从而锻炼学生的写作能力。

7. 我会"编"

从"传承文化魅力——我会编"方面入手，运用古诗的韵律之美，创编儿歌，对清明传统节日文化进行总结。

学生小组合作，讨论编写儿歌的方法后进行创编，再邀请教师参与，合作完成了一首朗朗上口的儿歌《说清明》。学生在创编儿歌的过程中，把清明传统文化进行了归纳总结，也让清明这一传统节日文化得到传承。

说清明

说清明，道清明，缅怀先辈记心中。

墓边草，齐打扫，哀思伴随鲜花送。

写清明，做清明，传统文化永不停。

艾草香，糯米软，齐做寒食过清明。

传统日，文化深，我们一起来传承！

（三）评价与总结

（1）设计并开展"传统文化我来传承"成果展示会。

（2）展示活动成果，共同分享、交流，并做自评和互评。

（3）学生和教师共同小结。

六、项目学习成果与评价

（一）评价量表

《义务教育语文课程标准（2022年版）》指出："评价主要以学生在各类探究活动中的表现，以及活动过程中完成的方案、海报、调研报告、视频资料等学习成果为依据，要关注学生综合运用多学科知识思考、解决问题的态度和能力。评价以鼓励为主，既充分肯定学生的发现和创造，又引导学生自我反思提升，不断提高跨学科学习的质量。"

本次项目式学习的评价量表（表1）利用不同维度和尺度对项目实施的过程进行细分，学生对自己参与的过程进行有目的、有意识地改进，教师通过评价量表能够及时对学生的行为进行等级评价。

学生在评价量表的引导下能共同协作，运用多学科知识发现问题、解决问题，更富创造力。

表1　评价量表

姓名：　　　　　　　　　　小组：

评价项目	评价内容			师评	自评	互评
	优	良	中			
团队合作	积极热情地参与活动。合作意识、组织能力强，与别人能够共同提高。	较积极参与活动。勇于接受任务，勇于承担责任。	能参与活动，但不能很好地与他人合作学习。			

续 表

评价项目	评价内容			师评	自评	互评
	优	良	中			
创新意识	勇于质疑，善于反思，有创新意识，能顺利完成学习的任务。	学习能力较强，完成学习任务的效果较好。	学习能力一般，完成学习任务的效果一般。			
动手实践能力	能主动收集和整理各种有用信息，动手操作熟练，能出色地完成任务。	能收集和整理信息，动手操作较熟练，能较顺利地完成任务。	会收集信息，动手操作能力一般，能完成任务。			
能力提升	能灵活运用所学知识解决问题。	较灵活运用所学知识解决问题。	应用知识技能一般。			
自我反思	认知水平，动手能力有很大的提高。	认知水平，动手能力有较大的提高。	认知水平，动手能力有些提高。			
综合评价（合计）						

（二）成果

学生在不同的项目学习活动中，创作出许多凝聚集体智慧的成果。

（1）绘画作品集。

（2）手抄报作品集。

（3）学生作文集。

（4）儿歌。

（5）思维导图集。

（6）展示会。

（三）各环节小结

1. 提出问题

通过调查、讨论、发现并确定活动项目，学生们积极思考，自主学习，合作交流，学会了在实际生活中通过发现问题—统计数据—设计活动内容的方式来解决问题，同时，学生对传承中华传统文化有了新的认识，并对中华传统文化产生了浓厚的兴趣。

2. 深入探究

通过利用"说"清明，"画"清明，"写"清明等活动，加深了学生对清明传统节日的理解和认知，保护和传承了中华传统文化，培养了学生从小传承传统文化的意识。

3. 总结与评价

在这次项目式学习中，同学们学会彼此分工合作，学会通过调查分析数据确定活动项目，并在实践的过程中，学会独立思考，能够主动发挥团队合作精神解决问题，并增长了自身见识，能力得到进一步的锻炼。学生本人能对自己和同学进行评价，会反思自己的学习方法，总结经验，从而为今后的学习打下良好的基础。

七、项目成效和反思

在这45天的跨学科项目式学习中，同学们积极参与，共同探究了清明这一传统节日文化，找到了一个学习和传承传统文化的方法，这为其后续的学习打下了良好的基础。同学们都表示此次活动不仅收获满满，又体验到了项目式学习实施的成功感，锻炼了学生的创造力、领导力、动手能力和团队协作能力，懂得用课堂中学到的知识进行创作。他们希望以后有更多的跨学科的项目式学习活动，可以让他们尽情地感受学习的乐趣，感受分享的乐趣，感受成长的乐趣。

本次跨学科项目的学习，学生通过大量搜集资料，积极动手操作实践，在"说"清明，"画"清明，"写"清明等活动中，加深了对清明传统节日的理解和认知，保护和传承了中华传统文化。教师在教育中落实，培养学生从小传承传统文化的意识。

在项目式学习中，我们也发现，由于家庭教育及社会舆论对传统文化的影响力不足，学生对传统文化的热爱程度还有待提高。这便需要教师在平时的家校沟通及教学中注重传统文化的渗透，引起学生对中国传统节日背后所蕴含的情感（亲情、友情、贡献等美德）的共鸣，加强他们对中华传统文化的认同和理解，提高他们参与探究中华传统文化的兴趣，激发他们热爱和传承中华传统文化的热情。

"'戏'说寓言"项目案例

一、问题提出

义务教育语文课程实施要求从学生语文生活实际出发，创设丰富多样的学习情境，设计富有挑战性的学习任务；在艺术课程设置中提出一至七年级以音乐、美术为主线，融入舞蹈、戏剧、影戏等内容。同时义务教育语文课程培养的核心素养，是学生在积极的语文实践活动中积累、建构并在真实的语言运用情境中表现出来的，是文化自信和语言运用、思维能力、审美创造的综合体现。

基于以上要求，我们在二年级语文上册第五单元——寓言故事单元中，对二年级的学生进行跨学科项目化学习指导，创设情境，融入戏剧表演。同时以学生为中心，以任务的形式，让学生自主合作探究，充分发挥学生学习的主动性，并对在学习过程中产生的结果和问题进行记录与研究。

二、项目名称

"戏"说寓言。

三、项目实施者

李莹莹、李永娣、郭慧银、吴华思、曾金梅。

四、学习目标

（一）知识目标

（1）通过活动，初步体会寓言故事讲述的道理。

（2）通过活动，能用各种方式展示寓言故事蕴含的道理。

（3）通过协作、探究，逐步形成发现问题、寻找方法、解决问题的能力。

（二）学科目标

语文学科：

（1）产生阅读寓言故事的兴趣，能自主阅读喜欢的寓言故事，能了解故事的主要内容，明白其中蕴含的道理。

（2）能用自己的语言续编寓言故事，进一步提高学生的思维方法。

美术学科：用活动作为驱动力，让学生们大胆创作，用画绘本的形式感受寓言故事的美好，提高学生的审美能力。

音乐学科：选取教材中适当的寓言故事等整理出在课堂开展戏剧表演的教学资源，并形成戏剧表演，从而提高学生的口语表达能力和表现力。

（三）素养目标

思维品质：培养学生思维可以从创编寓言故事入手。在原有的故事基础框架上，给故事、人物增加新的细节、新的冲突，让课文人物更丰满、故事情节更精彩。这样有助于促进学生理解能力、想象力的提高，以及思维品质的提升。

语言构建：大量的语言实践活动有利于学生的语言学习。在"'戏'说寓言"和"故事分享会"上，让学生自主完成剧本编写是语言建构的关键环节。表演需要演员对话，学生们需要将课文内容转化为符合剧情、人物个性的台词，而合理、得体的台词要经过反复斟酌才能写出。这种自主揣摩人物语言再进行实践的训练，有助于加快学生语感培养的速度和品质。

文化传承：语文教学是以汉语文化为基础、以全人类文化为背景的文化传承与理解的过程。学生要表现人物个性，把人物演"活"，就要揣摩人物的内心世界，了解人物生活的时代和文化背景。寓言故事中往往蕴涵着优秀的民族文化精神，进行"个性表演"既是民族精神的传递，更是优秀文化的传承。

审美能力："鉴赏评价"有利于培养学生的审美鉴赏力和创造力。在成果展示中，学生们揣摩人物形象，思考如何用最恰当的声音、动作和表情来塑造人物，如何在"形似"的基础上达到"神似"。成果展示后，小组之间分析展示效果，最后评定出优秀表演小组及个人。

五、项目实施过程

（一）入项仪式

在教师的带领下，学生们在入项仪式上纷纷表示对这个项目充满期待，并提出了很多让寓言故事更有趣的呈现方式。

（二）项目展开

1. 学讲故事

在组内分享自己的见解及讨论，各组派一名"故事大王"对所学的故事以讲故事的方式向大家展示自己掌握的故事内容。通过全班举手投票的形式选出本班最终让寓言故事以哪种更有趣的方式呈现，并确定从哪个角度出发进行探究活动。

2. 戏说寓言——戏剧表演

以《狐假虎威》为范本，通过音乐教师讲解戏剧表演的步骤和方法，引导学生以小组为单位分工合作，同时引导学生自主制作道具、梳理剧本，并以戏剧的形式展现寓言故事。

3. 手绘寓言

引导学生查阅中外寓言故事，找出自己感兴趣的寓言故事进行阅读，并把感兴趣的寓言故事用绘画的方式把情节展现出来。同时让学生自主制作绘本，并进行成果展示。

4. 创编寓言

教师讲解创编寓言的要求，引导学生进行讨论、创作并进行成果分享。

5. 寓言故事大王

学生组内讲述寓言故事，通过学生互评，根据评价进一步改进，并进行视频录制，成果展示。

（三）各阶段小结

第一阶段：准备阶段

课题组成员对课题进行论证研究和可行性研究确定课题后，主持人迅速组织课题组成员学习相关的理论知识，搜集与课题相关的理论资料及文献，为开展课题研究做好准备，确立有效可行的实施方案。

第二阶段：实施阶段

有序地按实施方案开展研究，并组织实验教师开展实验研究，以及实验课例研讨。同时结合学科特点，整合开发教学资源，通过说—绘—演—编进一步落实研究，在活动中以跨学科的教学方式提升学生的核心素养。

第三阶段：总结阶段

整理研究资料，撰写结题报告，完成案例、戏剧成果的整合。

六、项目成效和反思

本次活动达到了项目的预期目的：学生通过跨学科项目式学习，培养了自身的创新思维和创造力。

教师层面：本次项目活动以"学习任务群"的方式推进，改变了以往以知识中心、选文中心、教师中心为主的教学设计。"任务群设计"改变了课堂上"碎问碎答"的教学状态，能让教师更加关注主题要素，从而锚定核心素养。需要注意的是教师在设计真实情境的时候，应该引导学生通过单元学习把能力内化于心中，任务撬动为用而学。

学生层面：此次项目式学习活动的开展，为学生的语文学习打开了一扇门，让学生明白语文学习不仅仅停留在书本上，还可以在实践中观察、收集、探索、发现。学生在活动中学会合作、质疑，不仅能力得到了提升，思维也得到了碰撞。

通过亲身实践，让学生和教师对项目式学习都有了更深刻的理解，这样的活动让学生知道寓言故事不单单只有在书本上可以表达，还可以用绘本、戏剧、创编……各种不同的形式表达出来，让寓言故事更加生动有趣。同时，通过表演，学生们也更自信了，并懂得了团队合作的意义。

今后，我们将继续研究、探索，实现语文课内外联系，从而进一步促进学生综合素养的提升。

"我是春天的代言人"项目案例

一、项目概况

部编版语文二年级下册第一单元主题是"找春天"，本单元安排了一次"找春天"的实践活动。但是我们发现学生仅仅是在文本中学习春天的知识，往往对自然界季节时令的循环变换不够敏感，而我们的大自然本身就是一本很好的教科书。因此，我们引导学生以"寻找身边的春天"为驱动问题进行项目式学习；同时结合本单元的语文要素——读好"语气和重音"，以"我是春天的代言人"为主题设计了语文学习任务群，让学生以小组为单位进行寻找春天的有关活动，通过诵春天、拓春天、品春天等形式展示学生感受到的春天。

二、项目实施者

李永娣、郭慧银、张然、张正红、李洁娃、李美好。

三、项目活动过程

（一）创设情境，搭建学习支架

创设一个真实的情境，抛出驱动性问题是项目式学习中最核心的要素。教师在课堂上让大家想象春天的代表性事物有哪些，发现同学们仅仅在文本中学习春天的知识，很少真切地感受春天身边的事物变化。根据这一现象，教师引导学生以"如何找到春天最具代表性的事物？"为驱动问题，以"找春天"为学习主线，创设真实合理的学习情境，设计灵活多样的学习任务群，让学习真正发生。

随后，同学们围绕春天身边的事物变化，对"春天里有什么景物？""春天里有什么美食？""什么能代表春天？""春天有哪些诗歌？"这些问题进行了头脑风暴，确定从以下三个子问题出发进行探究活动。

（1）怎样运用色彩、图案来展示春天？

（2）如何利用春天的食材制作美食？

（3）什么能代表春天？春天有哪些诗歌？

（二）分组探究

活动一：寻找春天的花草，感受春天的色彩

一年之计在于春，春天是草长莺飞、百花争艳的季节，房前屋后，桃花、杏花、梨花争奇斗艳，树尖穿上了新装，嫩芽儿也探出了头呼吸着新鲜的空气……那么，怎样将春天的花草用你喜欢的方式记录下来，是用色彩，还是图案来展示春天呢？为此，同学们走进了英德市莲花山公园，一起踏寻代表春天的花草。

活动过程：

（1）带领学生走进英德市莲花山公园，寻找春天的花草，并将其采集成样本。

（2）在采集过程中做好记录：时间、地点、采集人、植物名称。

（3）以小组为单位用采集到的植物的叶、花为原材料构思，拓印成一幅画。

（4）教师讲解有关拓印的相关知识与操作步骤。

①在布料上摆放采集到的植物的叶、花。

②用透明胶固定植物的叶、花。

③均匀地锤打植物的叶和花，让它们的汁液染在布料上。

遇到的挑战性问题：为什么拓印作品有些汁比较深，有些比较浅呢？问题出在哪里？

（5）学生进行操作，教师进行指导。

（6）成果展示并评价。（表1）

表1 评价量表

小组	标准			
	符合要求 构图合理	内容丰富 色彩艳丽	线条流畅 灵活多变	造型生动 有想象力
第一组				
第二组				
第三组				
第四组				

活动二：寻找春天的美食，品味春天的味道

"民以食为天"，学生们发现有些食物只有在春天的时候品尝最佳，那春天的食物有哪些呢？它的制作原材料又是什么，怎么制作成美食？带着一探究竟的想法，学生们走进大自然。

活动过程：

（1）调查春天，发现佳肴。学生们查阅相关资料，实地走访，咨询家长，找出当地最具代表性的春天佳肴。

（2）小组探究，实践运用。了解艾糍、桑葚汁、春笋炒肉的制作步骤，思考怎样把春笋、桑葚、艾草等春天的食材制作成美食。

（3）动手尝试，制作佳肴。制作关于春天的菜肴，品尝春的滋味。在这个过程中，学生们遇到了许多困难，但他们都很认真地进行各种尝试，不仅解决了难题，还体验到了亲手制成美食的成就感。

（4）成果展示。通过动手实践，学生们用绘本把它们的制作过程记录绘制成一本本精美的绘本、一道道美味的佳肴。与此同时，学生们大胆展示成果，互相欣赏、品尝。

活动三：寻找春天的故事，聆听"英红九号"美名

*丝丝缕缕拂面来，朵朵簇簇迎眼开，春风化雨明前茶。*英德是中国红茶之乡，其中"英红九号"是驰名中外的英德特产。而在这个春光明媚的春天，同学们走进了广东省农科院茶叶研究所了解茶的品种，以及"英红九号"背后的故事，感受泡茶、制作奶茶的快乐及品茶的礼仪。

活动过程：

（1）邀请广东省农科院茶叶研究所专家讲述"英红九号"背后的故事，感受饮茶的一般礼仪。

（2）走进茶园，了解茶的品种及生长环境，同时采摘鲜叶，了解英红九号的形态和特征。

（3）泡茶和制作奶茶，品春天的气味。

（4）小组合作，演绎"英红九号"飘香的故事。

（5）成果分享，制茶、讲述故事。

活动四：寻找春天的诗歌——"声诵"春天之美

古往今来，数不胜数的诗人们用自己的灵思妙想勾勒出一幅幅令人陶醉的春景图。什么能代表春天？春天有哪些诗歌？同学们围绕这两个子问题，开展了"我为春天写首诗"的活动，创作出了精彩纷呈的春日之诗。学生们用童真的目光观察春天，用天真活泼的笔调赞美春天，以趣味想象和天真烂漫的语言架构起春天与诗歌之间的桥梁，让诗情与鲜花一同绽放，让诗意与生活和谐相融。

活动过程：

（1）搜集与春天有关的诗歌，分享春天的诗歌。

（2）发挥想象，创作诗歌。（图1）

①说说你找到的春天在哪里？是什么样的？

②提供支架，创编诗歌。

③自由创编。

（什么），（怎么样），那是_____吧？

_____，_____，那是_____吧？

_____，_____，那是_____吧？

我们（用口、耳、眼、手感受到的）了她。

我们_____了她。

我们_____了她。

她在（哪里干什么）_____。

她在_____。

她在_____。

图1　练习

（3）举办春天的朗诵会。

（4）相互评价。（表2）

表2　评价表

评价标准	得分
1. 能正确、流利地朗读诗歌。	☆
2. 能在初步了解语言文字意思和借助图画的基础上，读出节奏和重音。	☆ ☆
3. 能加上适当的表情和动作，读出诗歌的感情。	☆ ☆ ☆

（三）评价与总结

（1）设计并开展"我是春天的代言人"成果发布会。

（2）展示研究成果，共同分享、交流，并互相给出评价。（表3）

表3 "我是春天的代言人"成果展示评价量表（观众评价表）

姓名： 小组：

评价项目	评价内容	5★	3★	2★
主题内容	1. 是否契合"我是春天的代言人"主题。			
	2. 内容充实丰富，凸显主题。			
展示效果	1. 小组配合默契，分工明确，能够展现团队协作精神。			
	2. 形式是否新颖、有创意。			
	3. 突出语气和重音，有恰当的肢体语言。			
	4. 小组展现的表现力和感染力。（自然大方、充满活力）			
知识能力	1. 展示的内容体现了学生的阅读、搜集和整合资料的能力。			
	2. 体现了学生的思考探究成果。			
	3. 能够综合运用所学知识解决实际问题。			
总评				

（3）学生和教师共同小结。

四、活动成果交流与评价

（一）评价量表

《义务教育语文课程标准（2022年版）》指出：形成性评价与终结性评价都是必要的：前者关注学习过程，有利于及时揭示问题、及时反馈、及时改进教学活动，后者关注学习结果，有利于对教学活动做出总结性结论，应加强形成性评价。同时，评价设计要注重可行性和有效性，力戒烦琐，防止片面追求形式。基于以上要求，本次项目式学习的评价量表利用不同维度和尺度对项目的过程进行细分，学生对自己的行为进行有目的、有意识的改进，教师通过量表能够及时对学生行为进行等级评价。学生在量表的引导下能共同协作，运用多学科知识发现问题、解决问题，更富创造力。

（二）成果展示

学生们在各阶段的活动学习中，诞生出许多凝聚全体智慧的成果，并举行了"我是春天在代言人"发布会。

（1）拓印作品。

（2）春天的美食绘本。

（3）话剧：一课茶树的故事。

（4）春天的诗歌朗诵会。

（三）各活动小结

活动一：寻找春天的花草，感受春天的色彩

通过调动感官，用眼睛去寻找到了春天的花草。同时学会了拓印的技巧，在这次拓印活动，学生们独立思考，自主学习，合作探究，并学会了运用色彩、图案来展示春天，留住春天的美丽。

活动二：寻找春天的美食，品味春天的味道

学生们动用了眼睛、耳朵、嘴巴去寻找春天的美味佳肴，制作春天的菜肴，品尝春的滋味。虽然在这个过程中遇到了许多困难，但他们都很认真地进行各种尝试，解决了难题，体验到了亲手制成美食的成就感，品尝到了春天的味道。

活动三：寻找春天的故事，聆听"英红九号"美名

在这次项目式学习中，学生学会了合作，通过听故事、演故事，在故事中落实了单元语文要素。

活动四：寻找春天的诗歌——"声诵"春天之美

在这次的诗歌创作中，同学们积累了很多有关春天的诗句，加深了对春天的印象。在诵读过程中，学生注重自己以及节奏和韵律，以及语气和重音。由此，学生在感受到了春之美的同时，进一步提高了朗诵能力。

五、项目成效和反思

（一）项目取得的效果

本次活动达到了项目的预期目的：学生们通过学科主题探究项目式学习，多维度、多角度探寻身边春天的代表性事物和春天的变化，感受到春天的美好，并学会在活动过程中使用恰当的语气交流和呈现自己的作品，从而让自身的语文素养进一步得到提高。同时，在活动交流和讨论、探究和创造的过程中，学生学习不再是被动接受和机械训练，而是成了学习的主体，从而提升了自己的学习力和创新力。

1. 学生层面

（1）理论知识：通过课程统整与项目式学习相结合，能让学生从不同的角度寻找身边的春天，进一步通过各种感官深刻地感受春天的美好。同时这种学习方式对培养学生学习的主动性、积极性会产生有益的影响。

（2）能力素养：学生们在项目式学习的过程中、在真实的情境中、在完成语文学习任务群的过程中，落实了本单元的语文要素——注意语气和重音。在整个合作探究的过程中，小组成员在交际时都能注意说话的语气，把在单元当中习得的朗读方法，有了一个更高阶的发展。由此，学生整体的学习能力、语言表达能力、沟通能力与综合实践的能力都得到一定程度的提升。这对学生来说是非常好的学习机会，也是提升各方面能力的最佳契机。

（3）创新思维：开展项目式学习，有助于培养学生的创新思维，他们能从不同角度去看待并思考问题。从学生们的发布会来看，他们的想法能让人眼前一亮，创意满满，学生的创造力是无限的，更让我们确信提供这样的舞台是值得的。

2. 教师层面

（1）学科专业：对于教师而言，这次项目式学习，可以说是和学生们一起学习进步的过程。教师结合自己的所教学科去思考项目式学习，能拓宽自己的学科专业视野，汲取不同方面的学科知识，从而提高自身专业水平。

（2）教学方法：真正贯彻以学生为中心的教育理念，教师能转变传统的"填鸭式"的教学模式，让学生作为课堂教学的主体，使学生参与到教与学的过程中，充分发挥学生的能动性和创造性，有利于学生真正理解并掌握知识，以及学生多方面能力的培养，而教师则能更关注学生的学习过程，更好地提出相对应的指导。

（3）师生关系：开展项目式学习有利于拉近教师与学

生之间的关系，从而发展彼此亦师亦友的关系，能更好地让教师了解学生各方面的信息，从而在学习或思想上及时给予帮助。

（二）项目中的不足与反思

本次项目式学习的不足之处在于小部分同学由于个体差异的原因，在参与活动的过程中，协作能力有所欠缺，导致参与程度不高。另外，由于部分教师刚接触项目式学习，建议教师对项目式学习进行系统的学习，从而对学生的选题和实践给出更加专业的建议。

"遨游汉字王国——小小汉字讲解员"项目案例

一、问题提出

《义务教育语文课程标准（2022年版）》提出：语文课程是一门学习国家通用语言文字运用的综合性、实践性课程。在语文教学活动中，教师应引导学生热爱国家通用语言文字，体会语言文字的特点和运用规律。同时，发展学生思维能力，帮助学生提升思维品质，形成自觉的审美意识，培养高雅的审美情趣，积淀丰厚的文化底蕴，继承和弘扬中华优秀传统文化，全面提升学生的核心素养。

部编版五年级下册第三单元是综合性学习单元，主要围绕"遨游汉字王国"这个主题进行编排。汉字是中华文化瑰宝，书写了中华民族的历史。五年级的学生已经认识近三千个汉字，对汉字有了丰富的感性认识，在此基础上开展以汉字为主题的综合性学习，有助于增进学生对汉字的了解，进一步培养学生学习汉字的兴趣，增强学生对汉字的感情，让学生树立规范使用国家通用语言文字的意识。

为了让学生高度认同中华文化，对中华文化的生命力有坚定信心，热爱国家通用语言文字，热爱中华文化，从而更好地继承和弘扬中华优秀传统文化，我们进行了为期一个月的项目式学习。

二、项目名称

遨游汉字王国——小小汉字讲解员。

三、项目实施者

朱翠丽、姚小翠、罗家丽、黄璇燕、刘少云。

四、学习目标

本次活动旨在引导学生在语文实践活动中，联结课堂、学校内外，拓宽语文学习及其运用领域；同时围绕驱动性问题"英德市文化局将举办第一届中华文化交流会，现需招聘小小汉字讲解员，如果你被聘任了，你会怎么来讲解汉字呢？"开展资料搜集和整理、探究、交流等活动，在综合运用多学科知识发现、分析、解决问题的过程中，对中华汉字做深入的了解，让学习的方式更加多样化，学习起来更容易、更有趣，让学生更直观地感受汉字的趣味，了解汉字文化，为其今后的学习打下更好的基础。

（一）知识目标

（1）了解收集资料的基本方法。

（2）运用搜集资料的基本方法，搜集一些关于汉字历史和现状的资料，抑或体现汉字趣味的汉字书法，以及其他感兴趣的与汉字有关的资料。

（3）开展一次猜字谜活动，办一次趣味汉字交流会。

（4）对在搜集资料过程中产生的问题进行调查研究，并撰写简单的研究报告。

（5）感受汉字的趣味，产生对汉字的热爱之情；增强对汉字的自豪感，树立规范使用国家通用语言文字的意识。

（二）学科目标

语文学科：

（1）了解收集资料的基本方法，并运用这些方法搜集自己所需的资料。

（2）能结合搜集的资料撰写简单的研究报告；能结合搜集的资料对汉字进行讲解。

（3）通过搜集、整理资料，学生产生热爱国家通用语言文字的情感，感受语言文字及作品的独特价值，认识到中华文化的丰厚博大，从中汲取智慧，并弘扬中华优秀传统文化，树立文化自信。

数学学科：

（1）把收集到的数据绘制成统计图。

（2）从统计图上，发现使用汉字和汉语的人数越来越多，从而了解汉字在世界上的影响变化。

书法学科：

（1）了解汉碑隶书笔画结构的特点与风格特征；了解座

右铭的相关常识，包括座右铭的意义和展现形式等；通过试一试、写一写，完成一幅完整的隶书座右铭作品。

（2）了解成语"春华秋实"的内涵与意义；掌握规范字"春""华""秋""实"的写法；回顾横幅的书法形式，处理字与字之间的迎让关系；用横幅的形式完整书写作品，并落款盖印。

（3）通过欣赏和创作座右铭"春华秋实"横幅作品，学生能充分感受书法作品在现实生活中的魅力。

信息技术学科：

（1）学生借助现代信息技术，自主搜集和利用学习资源，拓展思路，支持自己的思考和论说。

（2）学生学习搜集和选择信息的基本方法，关注信息的可靠性和权威性；同时能区分原始资料与间接资料，学会注明所引资料的出处。

（三）素养目标

（1）在小组活动中养成善于团队合作、交流探究、分享成果等良好品质，能够进行有效的团队协作，掌握一些信息知识，提高信息能力，体验信息技术带给我们生活的便利。

（2）能综合运用语文、数学、书法、信息技术等多方面的知识和技能，通过小组研讨，集体策划、设计活动方案，并能够运用跨媒介形式分享研学成果。

五、项目实施过程

（一）激趣导入

学生通过观看流行歌曲《生僻字》视频，激发自己了解、研究汉字的兴趣，接着观看《秦始皇兵马俑的解说》的视频，了解什么是"解说"。

以驱动性问题"英德市文化局将举办第一届中华文化交流会，现需招聘小小汉字讲解员，如果你被聘任了，你会怎么来解说汉字呢？"，进行以"遨游汉字王国——小小汉字讲解员"为主题的项目式学习。

（二）问卷调查

1. 学生进行问卷设计

围绕"你对汉字文化的了解"这个问题，学生在教师的引导下进行了一次问卷调查设计活动。

2. 问卷调查，发现问题

根据调查结果，项目研究成员发现：

（1）大部分学生对汉字的作用及其优点了解较多，63.27%的学生对汉字的发展了解不深，5.1%的学生甚至对汉字的发展没有什么了解。

（2）超过一半的学生有参加过学校举办的汉字书写比赛，但从不参加比赛的也有18.37%。

（3）在开展综合实践活动前，学生会多途径使用搜集资料的方法。

（4）大部分学生认为这次综合实践的开展会对自身今后

的学习有所帮助，也愿意尝试去当一名汉字解说员，从而为
推动汉字文化的发展做出自己的贡献。

（5）大部分学生对综合性实践活动还不是特别了解，所
以问卷中选择采用教师传统讲授这一方式来学习第三单元。

3. 产生驱动问题

根据以上调查，我们围绕驱动性问题"英德市文化局将
举办第一届中华文化交流会，现需招聘小小汉字讲解员，如
果你被聘任了，你会怎么来解说汉字呢"，以"我们要了解
汉字文化，做好小小汉字解说员，应该搜集哪些资料？如何
搜集资料？我们应该怎样把调查结果形成研究报告？"为子
问题进行探究活动。根据子问题，选择以下几个内容作为搜
集资料和探究的方向。

（1）汉字趣味性。

（2）汉字的历史。

（3）汉字的艺术形式。

（4）研究报告。

（三）头脑风暴，组建小组

针对"遨游汉字王国——小小汉字讲解员"主题项目，
学生聚集在一起讨论：如何更好地做好一名小小汉字讲解
员？如何剖析汉字？如何搜集资料为己所用？又如何将资料
化为己有？

（1）头脑风暴，讨论如何搜集资料。

（2）组建小组。

（3）小组选择搜集资料的方向及方法。

（四）分阶段探究

第一阶段：

围绕"汉字趣味性"进行探究式学习，学生先从汉字的字谜来进行小组讨论：汉字的趣味性从哪些方面体现、又怎样才能更好地解说汉字的字谜，再分工合作搜集相关资料，初步感受汉字的趣味。

（1）搜集到的资料：字谜，有关汉字的古诗、故事、对联，有趣的谐音，有趣的形声字。

（2）小组成员整理资料，将相同类型的资料合并在一起，再将资料整理成集。

（3）学生策划本小组的中华文化交流会——猜字谜活动和趣味交流会，可从多种方式、角度展示成果，如手抄报、宣传册、思维导图、PPT。

第二阶段：

围绕"汉字的历史"，学生从汉字的内涵进一步探究汉字背后隐藏的故事，搜集有关汉字的历史资料，了解汉字的历史，撰写关于汉字的研究报告，为汉字的解说做好准备。

（1）搜集到的资料：汉字的起源、汉字的演变、汉字在世界上的影响。

（2）小组成员分享资料，并将资料整合成宣传小册。

（3）学习撰写研究报告的方法，以学生自己的姓氏为题，撰写关于"×"姓的历史和现状的研究报告，或以"汉字对世界的影响变化"为题的研究报告。

第三阶段：

围绕"汉字的艺术形式"，学生从生活经验和学习经验出发，对汉字艺术的多种展示方式进行研究，深入体会书法独特的风格和无穷的魅力，以及其在中国文化中的重要地位。

（1）寻找汉字的"艺术形式"：书法欣赏、剪纸的艺术、书签。

（2）小组内分享寻找到的汉字艺术形式。

（3）欣赏汉字的艺术形式。

（4）绘制书签，创作书法作品（隶书座右铭、规范字"春华秋实"横幅），撰写以"与汉字有关的艺术表现形式有哪些"为题的研究报告。

（五）评价与总结

（1）各小组做好"中华文化交流会——小小汉字讲解员"活动准备（PPT、解说稿、宣传册）。

（2）设计并开展"中华文化交流会——小小汉字讲解员"活动。

（3）分组交流、展示研究成果，并互相给出评价。

（4）学生和教师共同小结。

六、项目学习成果与评价

（一）评价量表

本次项目式学习的评价量表从不同维度和尺度对项目的过程进行细分，学生对自己的行为进行有目的、有意识的改进，教师通过量表能够及时对学生的行为进行等级评价。同时学生在量表的引导下能共同协作，运用多学科知识发现问题、解决问题，更富创造力。

（1）优秀"汉字讲解员"奖状（互评、师评、网络投票）。

（2）"遨游汉字王国——小小汉字讲解员"素养检测题。

（3）"遨游汉字王国——小小汉字讲解员"小组活动评价量表。（表1）

表1　评价量表

项目	评价标准	自评	互评	师评	家长评
制订计划	小组分工明确，计划合理				
搜集整理资料	能运用查找图书、网络搜索、请教别人等多种渠道搜集资料				
	能正确运用搜集资料的方法				
	能把资料整理得比较完善				
展示交流	参与度：小组成员人人参与，相互合作				
	展示时态度大方，充满自信				
	形式多样，有创意				
	内容丰富，展示清楚				

（二）各小组总结

实践活动："遨游汉字王国——小小汉字讲解员"的学习感受和收获。

（1）我们平时读书看报都离不开汉字，但是你对汉字有更多的理解吗？经过这两个星期的实践学习，我已经对中国汉字有了更多的了解。通过学习《有趣的汉字》，我们感受到字谜的有趣、谐音的趣谈，还有因为谐音而引发的误解和笑话。这些内容为我们介绍了一个又一个的汉字来历，以及人类创造文字的过程，从而让我们深深地体会到汉字的有趣。

通过学习《我爱你，汉字》，我们仿佛来到了远古时代，一步一步地观察并了解汉字的演变过程，从甲骨文—金文—小篆—隶书—楷书。同时，此次学习还帮助我们认清字体，不要写错别字，不然会造成一定的损失和笑话。所以我们要细心一点，远离错别字。除此之外，这个内容还像一个向导，带领我们去欣赏中国许多名人的书法作品，我不禁地赞叹：这是我们中华民族的独特艺术，我们是一个拥有丰厚传统底蕴的国家，这些都归功于汉字。

本次的学习让我们可以选择自己喜欢的方式学习，有更多思考的时间，也让我们的各种能力得到了锻炼和提高。

现在我明白了，汉字对我们来说是多么重要，我们一定要学会汉字，汉字就是中华民族的瑰宝。我坚信，在人类文化历史长河中，中华汉字将被更多的人使用与珍爱。

（2）参加了"遨游汉字王国——小小汉字讲解员"这个活动后，我深深地爱上了汉字。

字谜是中华民族汉字的一个代表，字谜在中国有着悠久的历史文化，字谜的猜法很多，如组合法、象形法、意会法。歇后语是由谜面和谜底两部分组成的，说的时候往往只说前一个部分，而把后一个部分隐去，让听的人去猜测。

从甲骨文到金文，从金文到小篆，从小篆到隶书，从隶书到楷书，从楷书到草书，从草书到行书，这一系列的变化，为我们展示了中国汉字历史悠久的魅力。书法字体，各具特长。篆书隶书，古色古香。行书流畅，正楷端庄，狂草奔放，凤舞龙翔。

汉字是我国古代人民的智慧结晶，我们爱你！中国的汉字！

（3）无数汉字组成了一个全新的大江南北，我们在"字宝宝"的邀请下纵情遨游"汉字王国"。

祖国的汉字可谓是魅力四射。汉字神奇的灵性更是让你大为惊叹，它们的本身及其意无比奇妙地融合在一起。比方，看到"星星"，仿佛眼前闪着光芒；望见"明月"，你似乎在眼前看到了偌大的月亮发出清丽的光芒。"热"使你感受到它的热量；"冷"似乎又有一股寒意充满全身；"黑"使人眼前一片漆黑；而"白"，却让人有如站在明亮的太阳下。看着这神奇的汉字，怎能让人不为它奇妙的灵性而叹为观止呢？

有句话说得好：书法是中华文化珍有的瑰宝。是啊，多姿多彩的书法正为祖国的文字添加着无限的魅力。从小篆到隶书，从隶书到楷书，从楷书到草书，从草书到行书，书法瑰宝历经着数千年的演变。书法能被世人所珍爱，全是靠了它五光十色的魅力啊！

（4）这次"遨游汉字王国——小小汉字讲解员"的实践活动使我受益匪浅。在这个单元的学习中，我体会到了字谜的搞笑、谐音的趣谈，还有因为谐音而引发的误解和笑话。同时我还了解到汉字是仓颉发明的，在几千年的历史中，字体发生了很大的变化，从甲骨文到行书，无一不见证了中华文化的博大精深。除此之外，有些文章则提醒人们不要写错字。

我印象最深，也是收获最多的一篇文章是《甲骨文的发现》。这篇文章说到王懿荣生病了，医生开的药里面有一味药叫龙骨。他十分奇怪，便去研究这个龙骨，从而最终发现了甲骨文。从这个故事中，我懂得了：在生活中，要做一个有心人，我们应该培养留心观察、善于思考的好习惯。

《一点值万金》这篇文章则写了乌鲁木齐某市挂面厂从日本引进了一条挂面生产线，之后又用18万元买了1000卷重10吨的塑料包装袋。日方印刷厂错把塑料包装袋上的"乌鲁木齐"印成了"鸟鲁木齐"，就是这一点之差，使18万元的产品付诸东流，成了一堆废品。设想一下，如果检查人员和挂面厂再细心一点的话，或许后果就不会那么惨重了。这提醒了人们千万不要写错字，否则有时就会付出惨重的代价。

"遨游汉字王国"不仅仅使我和汉字成了好朋友，还让我学会了猜字谜，激起了我对汉字的无限兴趣！我多么期望能在汉字王国多转一会儿，多收获一些知识呀！

（5）本单元的学习是一次别开生面的学习，我们经历了组建小组、制订活动计划、收集资料、展示交流四个环节。

我们组在组建小组的第一个环节中就遇到了难题：确定组员之后，到底由谁来做组长？我们产生了分歧。我推荐了小锶，因为她成绩好，可是小昀却推荐了小洛。那么，到底由谁来担任组长呢？我们只能进行了无记名投票，少数服从多数，可是投票结果却一样，5比5。我们只好求助老师，老师依次帮我们分析了小锶和小洛的优缺点：小锶成绩好，但是比较内向，不如小洛会协调同学之间的关系；小洛虽然成绩不好，但是他外向开朗，善于调节同学之间的关系。组长是一个团队的组织者，需要协调能力强的人来担任。因此，最终我们确定了由小洛做我们组的组长。

这让我们明白了，每个人都有自己的优缺点，都有自己能发挥的长处。

（6）本单元的学习方式我们非常喜欢。我们快乐地遨游在汉字王国里，我们分工合作，互相帮助，互相协调，完美地完成了本单元的活动。这次活动不仅让我们充分地了解了中华汉字，更让我们的组织能力、协调能力都得到充分的锻炼，还让我们知道了一个团队想要完成任务，需要所有人通力合作。

（7）本学期，第三单元综合性实践活动单元——"遨游汉字王国"的实践活动让我印象深刻，获益良多。

这个单元，不像以前那样是老师传统地讲授，而是老师会让我们根据学习提示去开展综合实践活动。同时老师给予我们充足的时间去搜集资料，我们第一次尝试综合实践活动，有点无从下手，但在整个过程中老师都会及时给予我们指导和建议。

首先，在第一环节，我们按照步骤进行了小组组建。根据自己感兴趣的内容，我们确立共同的小组，这样根据自己感兴趣的内容来定组，真正体现了尊重学生的决定，也更加激发了我们朝同一个目标一起合作学习的动力。

其次，我们组建好小组后就对各自要搜集资料的内容进行分工，我们搜集的资料主要有图片、文字、视频等，有些成员搜集资料后还会帮助其他成员，大家一起查漏补缺，共同学习。在活动过程中，我们不仅学到了搜集资料的方法，还明白了知识不一定要靠老师讲解，通过其他途径我们也能获得更全面的知识。

在整理资料时，我们面对杂乱繁多的资料时，虽然不知道怎样整理、呈现，但是我们小组会主动请教老师指导，然后尝试归纳、分类，在这过程中我们学到了怎样将资料分内容归类。

最后，在展示交流环节，我们为了让活动展示得更顺畅，我们小组会提前排练并核对资料，更加细心以确保汇报环节的各步骤不出错，同时提炼汇报时的语言，确保语言简洁，学生能听懂。通过这一环节的开展，我们提炼语言的能力、统筹全局的能力都得到了锻炼。

这一次综合实践活动的开展，汇聚了全组成员的智慧，我们也从中学到了与以往不同的学习方式，提高了我们的语文核心素养。

（8）这个学期，我们语文课开展了综合性实践活动。这次的活动真是让我们重新觉得原来语文课的学习可以这样有趣。

在组建小组、搜集资料、整理资料的过程中，大家各抒己见，团结合作。原本不爱学习的组员，这次也积极参与进来，还为活动的开展提出了几条有意义的建议呢！真是让我们刮目相看；原本性格倔强的组员，这次为了活动的顺利开展，在整理资料时，采纳了大家的建议；原本不爱思考的组员，在这次活动中也从不同途径搜集了不少资料……可以说这次的活动，真正体现了自主、合作的学习方式，让各自组员在活动中找到了自己的价值。

这样轻松有趣，又能学到知识，还能提高语文能力的综合实践活动，谁会不喜欢呢？

七、项目成效和反思

在这次项目式学习中，同学们积极参与，群策群力，共同探究从哪些方面来解说汉字，如何搜集资料，如何详解汉字，既加深了自身对汉字的了解，又体验到了项目式学习顺利实施的成就感，锻炼了学生的创造力、领导力、动手能力和团队协作能力，同时懂得把课堂中学到的知识应用到解决生活中的实际问题。

同学们都表示此次活动收获满满，希望以后有更多的项目式学习活动，可以让他们尽情地感受学习的乐趣，感受分享的乐趣，感受成长的乐趣。

本次活动达到了项目的预期目的：通过搜集、整理资料，学生产生热爱国家通用语言文字的情感，感受语言文字及作品的独特价值，认识到中华文化的丰厚博大，从中汲取智慧，并弘扬中华优秀传统文化，树立文化自信。与此同时，我们也发现了一些存在的问题：小部分同学由于个体差异的原因，在参与活动的过程当中协作能力有所欠缺，导致心理焦虑，教师在疏导情绪方面能力有所欠缺。

"我是小小分类师"项目案例

一、问题提出

课堂上，总会听见学生说：老师，我找不到我的笔了，我找不到我的练习本了……养成分类整理的好习惯迫在眉睫。新的课程标准强调优化课程内容结构，设立跨学科主题学习活动；注重"幼小衔接"，基于对学生在健康、语言、社会、科学、艺术领域发展水平的评估，合理设计小学一至二年级课程，注重活动化、游戏化、生活化的学习设计。教育家杜威也说过"教育即生活"。因而，本次项目式学习整合语文、数学、道德与法治、劳动、美术等多个学科，旨在帮助学生学习掌握与物品分类有关的课内外知识，从而锻炼并提高学生的综合实践能力，帮助学生养成学会整理的好习惯，增强自理能力，同时也为学生日后参与垃圾分类生活实践做好准备。

二、项目名称

我是小小分类师。

三、项目实施者

梁月凤、陈碧圆、吴小丹、黎苏香、李顺坚。

四、学习目标

（一）知识目标

（1）鼓励学生在活动中学会物体的简单分类，在亲身参与的动手活动中感悟分类的价值，在分类的过程中认识事物的共性与区别，学会分类的方法。

（2）鼓励学生运用文字、图画或表格等方式，记录并描述分类的结果，体会如何用数学语言表达现实世界。

（3）根据需要，鼓励学生整理自己的生活用品、学习用品，如衣物、玩具、书本、文具等；同时能够自主整理自己的书包、课桌和居室的书柜及书桌，能按照物品类别、形状等整齐摆放，初步建立及时整理与收纳的意识。

（二）学科目标

语文学科：有表达交流的自信心，大胆提出生活和学习中遇到的问题，通过阅读、观察、请教、讨论等方式，积极思考、探究，乐于分享自己解决问题的办法。

数学学科：

（1）利用生活经验和幼儿园相关活动经验，通过具体形象、生动活泼的活动方式，学习简单的数学内容。

（2）会简单的分类，能够自主解决日常生活中的简单问题，对数学学习产生兴趣并树立信心。

道德与法治学科：

（1）培养责任意识，学会自己的事情自己做，减轻父母的负担。

（2）知道课堂堂规，学会整理书包和准备学习用品；学会自己的事情自己做。

（3）学会关心他人，乐于与同伴合作、分享。

劳动学科：

（1）能够自主完成比较简单的个人物品整理与清洗，以及居室、教室等卫生保洁、整理与收纳工作；形成"自己的事情自己做"的意识，具有初步的个人生活自理能力。

（2）初步掌握简单整理与收纳的基本方法，初步养成及时整理与收纳的习惯，初步具有管理自己的生活用品、学习用品的能力。

美术学科：

（1）能根据小组或班级活动的要求设计或创作作品。

（2）能尊重同学的作品，理解他人的看法。

（三）素养目标

（1）基于学生的学科知识储备和认知水平，以活动式、体验式的项目学习，让学生形成主动学习的习惯和探究意识，从而提升学生的学习能力和核心素养。

（2）在小组活动中养成团队合作、交流探究、分享成果等良好的道德品质，能够进行有效的团队协作，灵活运用多学科知识解决问题，体验自主、探究、实践学习带来的乐趣。

五、项目实施过程

（一）提出问题

上完道法课"不做'小马虎'"一课后，部分学生提出问题"怎样才能改掉马虎的坏习惯"。

（二）设计调查问卷

针对这一问题，学生决定先调查同学们整理书包以及文具是否带齐的情况，并自行设计调查问卷。

（三）商讨并制订策略

根据调查结果，师生共同商讨了如下策略：学习分类知识、绘制分类宣传册、设计分类桌游。

第一阶段：

（1）课堂上学习分类知识。

教师设计数学课"分扣子"和美术课"我是小小分类师"教学设计并安排授课，引导学生学习物品分类的相关知识，了解分类规则，让学生认识到对物品进行整理分类的重要性。

（2）在家进行实践分类整理。

学生在家对书柜、橱柜、衣柜、鞋柜等生活区域进行准确分类整理，并在实践中总结出分类整理的方法和步骤，养成分类整理物品的好习惯，提高生活的自理能力。

第二阶段：

（1）绘制分类宣传册。

学生根据分类整理实践经验和已习得的分类知识，小组合作绘制分类宣传册。

（2）设计分类桌游。

学生发挥奇思妙想，设计新颖的分类桌游，创编游戏规则，在边制作、边玩耍的过程中，巩固分类整理知识。

学生通过创新性地完成宣传册编写任务和设计分类桌游，锻炼自身的文字能力，培养创新意识，提高实践创新能力。

第三阶段：

（1）设计分类宣传册的评价量规（表1），选出最优宣传册后进行宣传实践活动，从而有效地提高学生的语言表达与沟通能力，以及解决实际问题的能力。

表1　分类宣传册评分量化表（评审分：30★）

评价小组：

评价项目	评价标准	评价得分	备注
宣传册标题（30★）	简洁新颖、突出主题（1—5★）		
	封面设计美观大方，能吸引人（1—5★）		
	表述清楚，语言优美（1—5★）		
	内容具体全面（1—5★）		
	编排合理，图文并茂，条理清晰（1—5★）		
	没有知识性错误，无错别字（1—5★）		
评审得分			

（2）学生四人为一组轮流试玩"分类桌游"，通过举手投票的方式选出最受欢迎的桌游。

（3）学生填写自我评价表。

六、项目学习成果与评价

（一）评价量表

表2 自我评价量表（40★）

姓名： 小组：

评价项目	评价内容	自评
生活 自理能力 （10★）	A. 基本不整理分类自己的物品，都由家长整理分类。（1—2★） B. 偶尔在家长的提醒下对自己的物品进行整理分类。（3—5★） C. 能主动对自己的物品进行整理分类，做得很好。（6—10★）	
动手 实践能力 （10★）	A. 能在组员的协助下动手操作完成任务。（1—2★） B. 能够主动协助组员完成操作任务（3—5★） C. 能够主动寻找资源，带动组员完成任务。（6—10★）	
团队 合作能力 （10★）	A. 能完成教师布置的任务，但没有参与团队合作。（1—2★） B. 团队合作过程中，偶尔听取并吸收他人的意见。（3—5★） C. 能够协调配合，有效合作，关心和帮助他人并愿意与他人分享。（6—10★）	
创新 创造能力 （10★）	A. 能生成分类想法，但分类效果不好。（1—2★） B. 能生成新的分类想法，综合自己的想法提出分类依据。（3—5★） C. 设计的分类宣传手册新颖、有实用性、有科学性。（6—10★）	
综合评价（合计）		

（二）成果

学生在各阶段的活动中，诞生出许多凝聚全体智慧的成果。比如"分类宣传册"、"分类桌游"小游戏。

（三）各阶段小结

第一阶段：学生学习了分类知识，通过对书柜、橱柜、衣柜、鞋柜等生活区域的分类整理活动，总结出分类整理的方法和步骤。

第二阶段：通过创新性地完成宣传册编写任务和分类桌游的设计活动，学生的文字表达能力、合作与创新意识、实践能力都得到了锻炼。

第三阶段：在评选最优分类宣传册和最受欢迎分类桌游的活动中，学生学会了独立思考、客观分析，并学会带着欣赏的目光做出客观的评价，特别是分类桌游，既好玩又能学习新知识。

七、项目成效和反思

在这次项目式学习活动中，我们将知识性、文化性、趣味性、创造性和实践性相结合。学生通过整理活动，学习分类整理的方法、技巧，感受分类整理的必要性，锻炼了自身的创造力和实践能力。同时学生通过交流、讨论和合作，提升了团队合作和沟通能力，让他们感知到了生活的丰富多彩和无限可能性。

本次活动基本达到了我们的预期目的，通过绘制分类宣传册和设计分类桌游的活动，学生的语言表达与沟通能力、团队精神和合作能力都有所提高，同时为养成整理物品的好习惯做好知识和动手实践储备工作，从而在日常生活中慢慢改掉马虎的坏习惯。

在活动过程中我们发现以下问题：①由于缺乏生活经验，一年级学生主动寻找资源、参与小组活动的意识较弱，创新性较差。②活动中的部分任务需要家长和教师协助才能完成，因而对活动的结果评价有一定的影响。③活动中跨学科融合时，在游戏规则的创编上引导不够深入。

虽然本次跨学科项目式学习活动还没能完全很好地在活动中进行各学科的知识融合，但是我们收获了很多经验，我相信只要我们肯做，愿意去思考，并不断完善，就一定会做出更好的案例。

""'敬文化'班级王国建设"
项目案例

一、问题提出

我们学校是以"敬文化"为主题的校园文化，"敬文化"有着丰富的文化内涵，校园的"敬"文化随处可见，但是学生对于学校文化的理解很浅显，只知道很表面的东西，没有深入地理解其内涵。为了让学生深入了解学校的"敬文化"，让学生对学校文化产生共鸣，从而更好地融入校园，更热爱自己的学校，以学校为荣。在"敬文化"校园的基础上，希望学生把学校的"敬文化"融入班级中，以凸显学生的主人翁精神，增强班级的凝聚力。为此，我们提出：围绕""'敬文化'班级王国建设"这一项目，开展一系列的活动，进行为期30天的跨学科项目式学习。

二、项目名称

"敬文化"班级王国建设。

三、项目实施者

黄慧玲。

四、活动对象

六年级学生。

五、学习目标

（一）知识目标

通过多种形式探究学校"敬文化"，以学校文化为依托，引导学生通过融合多学科知识建设一个有凝聚力的班集体，让学习的方式更加多样化，学习起来更有趣，激发学生对学校、班级的热爱，做班级的主人、学习的主人，从而形成一个具有凝聚力的班集体。

（二）学科目标

语文学科：在语文学习的过程中，培养学生的语言表达能力、资料整理能力。

数学学科：能运用"数据统计"的知识统计投票结果，能知道"小小设计师"中的徽标设计可以通过图形的组合、平移、旋转得到。

美术学科：运用色彩美学设计班级徽标。培养学生发现美、欣赏美、运用美的能力，同时增强班级的凝聚力。

道德与法治学科：培养学生的爱国主义、集体主义、社会主义思想道德，引导学生逐步形成正确的世界观、人生观、价值观，帮助学生感受中华传统文化的博大精深，从中汲取智慧，并弘扬社会主义先进文化、中华优秀传统文化，树立文化自信。

（三）素养目标

以活动式的项目学习引导学生在实践活动中汲取知识，形成自主分析、解决问题的能力，搜集与整理资料的能力，自主学习、合作探究的能力，并提高语言文字运用能力、语言表达能力，从而全面提升学生的学习能力和核心素养，引导学生从做中学，在学习中找到乐趣。

六、项目实施过程

（一）提出问题

（1）我们校园的"敬文化"随处可见。对于我们来说，学校是"大家"，我们的班级就是"小家"，我们身处一个"敬文化"的大家庭里，当然我们的小家庭也不能逊色，接下来就让我们携手共创一个"'敬文化'班级王国"吧！我们都是王国里的小公民，你们希望用哪些吉祥物、口号、花、徽标代表我们的王国？王国里的小公民希望由谁来管理呢？公民又要遵守哪些规则呢？

（2）根据这一真实情境，在教师的引导下，六年级学生围绕如何建设"'敬文化'班级王国"，确定从以下活动中进行项目式学习。

① 感受校园"敬文化"的丰富内涵，寻找校园的"敬文化"。

②丰富"敬文化"班级王国的内容——确定班级岗位、制订班规、为班级命名，并设计班级口号，根据花语结合班级实际情况选择班花。

③动手制作"敬文化"班级王国的代表性作品——设计班徽，展示班徽并介绍设计意图。

④展示"敬文化"班级王国成果——设计"敬文化"班级王国大海报。

（二）深入探究

1. 寻找校园的"敬文化"

（1）围绕"敬文化"校园这个主题，教师为学生搭建了寻找校园"敬文化"的学习支架，学生根据支架寻找校园"敬文化"（表1）。

表1　寻找校园"敬文化"

所在位置	体现的"敬文化"内容

（2）学生通过各种方式（上网、图书馆）挖掘"敬文化"的内涵，感受"敬文化"的博大精深和源远流长。

（3）教师系统讲授校园"敬文化"知识。

2. 选举班干部，制订班规

确定班级岗位，制订班规，确定小组名、小组口号，为班级命名，设计班级口号，根据花语结合班级实际情况选择班花。

（1）学生通过小组讨论确定了班级岗位，通过民主选举选出了班干部。

（2）各个小组长进行唱票，班主任公布最终的票数，确定班干部人选。

（3）各小组通过小组讨论初步写出班级条约，集合小组的智慧，全班同学共同归纳整理出班规。（图1、表2）

图1　小组讨论、制定班级条约

表2　班级条约列表

文明礼仪	
纪律	
出勤	
卫生	
学习	

（4）各小组成员先从网上搜集相关的小组名、小组口号，然后在小组内讨论，投票推选出最适宜的，并确定小组名、小组口号；与此同时，各小组成员先从网上搜集相关的班级名、班级口号，然后在小组内讨论，投票推选出最适宜的班级名、班级口号。

学生进行组内讨论，教师相机指导，学生以投票的形式选出小组名、小组口号，以及班级名、班级口号。（图2）

图2　学生组内讨论，教师相机指导

（5）各个学习小组根据花语结合班级实际情况选择班花，以小组为单位推选出最适合班级的班花。

以小组为单位投票推选班花（图3），最终选出班花是栀子花，寓意毕业的季节，象征喜悦、坚强、珍贵、吉祥平安。

图3　选班花

3. 设计班徽，展示班徽并介绍设计意图

（1）学生通过网上搜集资料，结合学校"敬文化"以及
班级特色，讨论如何设计班徽。（图4）

图4　学生在创作——设计班级徽标，教师相机指导

（2）展示"敬文化"班级王国成果。

班级举行"敬文化"班级王国建设成果展示课，学生大大方方地进行展示小组成果，从而增强了自身的班级文化认同感，以及班级凝聚力。（图5、图6、图7）

图5 小组成果展示

敬羡小组 　　　　　　礼敬小组 　　　　　　敬让小组

敬爱小组 　　　　　　可敬小组 　　　　　　居敬小组

图6 各小组作品展示

图7 "敬文化"班级王国大海报

（三）评价与总结

（1）设计并开展"'敬文化'班级王国"成果展示会，制作班级大海报。

（2）展示活动成果，共同分享、交流，并做自评和互评。（表3）

（3）学生和教师共同小结。

表3　学生自我评价表

评价内容	星级
1.寻找校园"敬文化"	☆ ☆ ☆
2.提供班级岗位名称	☆ ☆ ☆
3.承担岗位职责	☆ ☆ ☆
4.提供班规条文	☆ ☆ ☆
5.为班级命名	☆ ☆ ☆
6.设计班级口号	☆ ☆ ☆
7.设计班花	☆ ☆ ☆
8.自我满意度	☆ ☆ ☆

（四）成果

在各个小项目中，学生充分发挥民主精神、团队精神，锻炼了自身的能力，并提高了自身综合素养，还收到了这些成果：

（1）确定班级岗位，选出班干部。

（2）制订班级条约。

（3）确定学习小组名、小组口号、班级名、班级口号。

（4）选出班徽。

（5）设计班级徽标。

（6）制作班级大海报。

（7）成果分享会。

（五）各环节小结

1. 提出问题

通过调查、讨论、发现和确定活动项目，在这一环节中培养了学生实地考察、自主挖掘校园文化的能力，同时引导学生就校园"敬文化"这个点展开学习，通过网络自主搜查资料，了解中国的"敬文化"的博大精深及源远流长，从而深入丰富学校"敬文化"内涵。经过这一系列的活动，激发了学生对校园文化的认同和热爱，也为自己的校园文化感到骄傲与自豪。

2. 深入探究

我们设计了一系列的小项目：确定班级岗位，选出班干部；制订班级条约；确定小组名、小组口号、班级名、班级口号；民主选出班花；学习小组共同设计班级徽标；"敬文化"成果展示；全班同学共同制作班级大海报。学生在这一系列的小项目中习得了团结协作能力、搜集与处理资料能力、设计与审美能力，同时增强了班级文化认同感，形成了很强的班级凝聚力。

3. 总结与评价

在这次项目式学习中，不仅锻炼了学生的独立思考能力、搜集与处理资料的能力、团结协作能力、设计与审美能力，还有有利于增长学生的见识，培养其热爱班集体的情感。因此，学生形成了自评与互评的能力，并在过程中学会反思，不断调整优化策略，总结经验，从而全面提高自身的综合素养。

七、项目成效和反思

这是一次大胆的尝试，突破了传统的教学方式，展示了新颖的教学模式。教师通过为学生搭建学习支架，让学生通过学习支架自主、合作学习，做学习的主人，充分融入学习当中，让学习真实发生。项目结束后，学生明显有了很大的进步，如：小组合作、交流的能力，搜集、整理资料的能力都有所提高。在建设"敬文化"班级王国的过程中，学生进一步了解了学校的文化，深感自己是班级的主人，在一系列的项目中，也形成了很强的班级凝聚力。整个项目，学生都在轻松愉快的氛围中学习，参与感很强。他们表示很喜欢这样的课堂模式，希望往后有更多的机会体验这样的课堂。

当然，整个项目中需要改进的地方还有很多，如学生互评环节不够深入，这个环节除了能锻炼学生的评价能力，还能让学生发现评价以外的东西，引导学生从不同的视角看问题。比如如果成果展示课的整节课由学生来主持，则更能体现以生为本，课堂也会更有活力。

整体而言，跨学科项目的实施能提高学生的综合素养，激发学生的学习兴趣，让学习真实发生。在往后的教育教学中，作为教师应该潜心研究如何更好地进行项目化教学。

"爱眼护眼项目式学习"
项目案例

一、项目背景

我国近视发病率位居世界之首。最近一份调查显示：
我国小学生的近视发病率为26.96%，初中生为53.43%，高中
72.8%，而大学生则高达77.95%。显然，近视眼已成为危害我
国学生健康最为突出的问题。

2019年国家已经将"青少年小学生视力防控"纳入政府
政绩考核工作中。

2021年9月1日起，教育部办公厅下发《关于做好中小学
生定期视力监测主要信息报送工作的通知》，要求每年春秋
两季开学都要上报学生裸眼视力数据。国家一系列政策的出
台，明确要求取消校外培训、减少小学生家庭作业，这些都
在说明一个问题：保护孩子视力，近视防控，刻不容缓。

二、驱动性问题

近视的同学越来越多了，是什么原因造成了视力下降？我们应如何做才能保护视力，预防近视呢？

三、项目实施者

郭少珍、何珊珊、康芷雅、邓做桥、郭祖文。

四、对象人员

城北小学四年级全体学生。

五、学习目标

（1）了解眼睛的构造和功能，能绘画出眼睛构造图。

（2）懂得如何检测视力，并运用检测结果初步学会设计简单的调查表，经历数据的收集、整理、表达、描述和分析的过程。

（3）结合实例认识条形统计图，会用统计图来描述数据，体验统计图在描述数据中的作用。

（4）能利用网络搜索信息，并设计手抄报和海报等进行宣传。

（5）了解哪些食物和运动有利于保护视力。

六、项目活动大纲

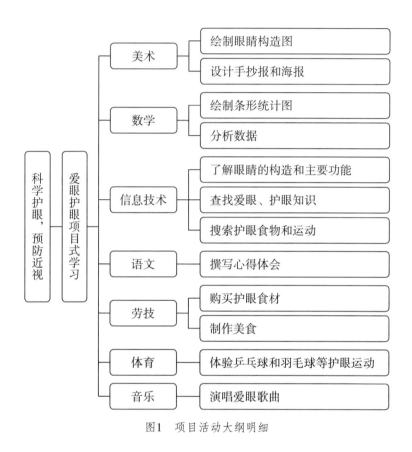

图1 项目活动大纲明细

七、实施过程

（一）入项活动

全校召开爱眼护眼项目式学习的主题班会（图2），班主任老师组织同学们蒙上自己的眼睛，拿着粉笔在黑板上写自己的名字，同学们一开始跃跃欲试，却又在经历之后屡遭挫败，歪歪扭扭、错位的字引来哄堂大笑。通过这样一个有趣的小游戏，让同学们深刻体会到眼睛的重要性，眼睛近视或者看不见，会对我们的生活带来很多不便。

图2　主题班会

（二）项目实施过程

探究活动一：认识眼睛

表1 "认识眼睛"教学设计表

核心问题	我们的眼睛结构是怎样的呢?
学生活动	通过主题班会，查阅资料了解眼睛的主要结构，并通过绘画展示出来。
学习目标	了解眼睛的主要结构;能通过绘画展示眼睛的结构。
关键能力	合作探究能力、绘画技能、查阅技能。
关键学科知识	美术、信息技术。

借助主题班会让学生初步了解眼睛的结构。课后学生通过查阅相关资料和网络查找，更加深入地了解眼睛的构造及各重要组成部分的功能，用绘画的方式展示眼睛的结构，同学之间相互交流讲解（图3）。

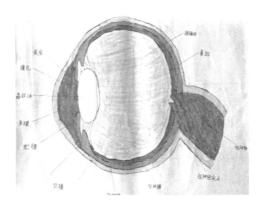

图3　画眼睛结构图

探究活动二：调查与分析

表2　"调查与分析"教学设计表

核心问题	导致学生近视的原因有哪些?
学生活动	1. 通过信息课搜集与眼睛有关的成语、词语等，以此确定队名。 2. 邀请眼镜店工作人员对全级学生进行视力检测。 3. 采访四年级老师、近视学生及家长，了解近视的原因。
学习目标	1. 调查近视人数。 2. 了解近视原因。
关键能力	合作学习能力，语言表达能力，数据收集、整理与分析能力。
关键学科知识	信息技术、数学、语文。

（1）为了增强小组凝聚力，在活动筹备之前各个小组成员通过信息课搜索与眼睛有关的成语、词语等，以此确定队名，经过讨论，最终确定以"爱笑的眼睛"作为本次调查小组的队名。

（2）为了更好地统计我校四年级学生的视力情况，一开始，组员们打算用视力表为每名同学检测视力，但考虑到这种方法会受距离、光线强弱等因素的影响，因此邀请了眼镜店的工作人员对全级学生进行视力检测（图4）。

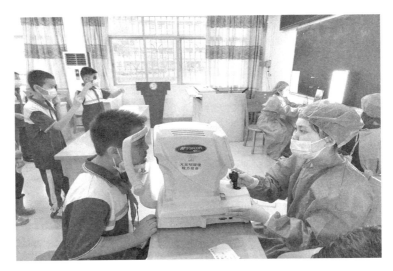

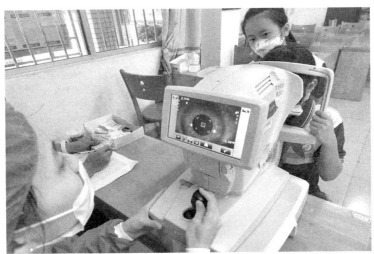

图4　检查视力

（3）为了更直观地对比每个班近视人数的多少，"爱笑的眼睛"调查小组对各班的视力检测数据进行了收集和整理（图5），并绘制成了条形统计图。

图5　整理数据

（4）在得出四年级近视人数数据的基础之上，调查
小组随机采访了四年级的老师、近视的学生以及家长，从
而深入了解学生的近视原因，更好地为预防近视出谋划策
（图6）。

图6　采访老师和学生

（5）根据采访到的内容，调查小组归纳整理出了近视的
原因（图7），如经常看电子产品、书写和阅读的时候没有

养成良好的用眼习惯、做眼保健操的时候不认真等；并总结
了一部分预防近视的方法，如要多运动、多吃对眼睛有好处
的食物、少接触手机等。

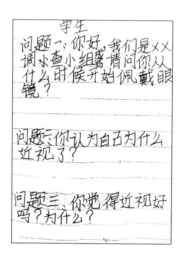

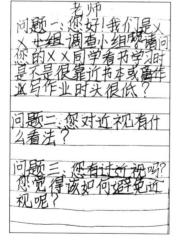

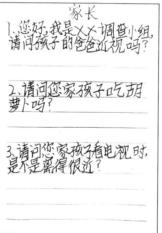

图7　整理近视原因

探究活动三：好吃又好玩的护眼小妙招

表3 "好吃又好玩的护眼小妙招"教学设计表

核心问题	在日常生活中，有哪些食物和运动有益于保护我们的视力？
学生活动	1. 在网络上搜索与爱眼、护眼相关的信息并摘抄下来，填写记录表。 2. 在家长的陪同下购买护眼食物，并制作成美食。 3. 体验护眼体育运动。
学习目标	1. 能懂得爱眼、护眼知识。 2. 了解对视力有益的食物和运动。 3. 能掌握买菜做饭等生活技能，培养学生的自理能力。
关键能力	信息处理能力、合作探究能力、交流技能、运动技能、劳动技能。
关键学科知识	信息技术、体育、劳技。

（1）在计算机老师的指导下，学习如何使用浏览器进行信息搜索，查找与爱眼、护眼相关的知识并记录下来。

（2）买买买，制作美食。学生在父母的陪同下到菜市场或超市购买护眼蔬菜和水果，然后仔细清洗和切块，最后制作美食。通过这个任务，学生掌握了买菜做饭等基本的生活技能，锻炼了自理能力。

（3）教师带领学生们体验乒乓球和羽毛球，感受运动对眼睛的好处。在打乒乓球和羽毛球的过程中，眼珠会跟随球的移动而不断转动，不仅锻炼了眼外肌，还促进了眼部血液循环。通过这个活动，有利于培养学生学会劳逸结合，学习累了可以通过眼保健操和运动来缓解眼部的疲劳，从而保护视力，预防近视（图8）。

图8　保护眼睛

探究活动四：手抄报与海报宣传设计

表4　"手抄报与海报宣传设计"教学设计表

核心问题	我们如何宣传保护眼睛？
学生活动	通过主题班会、网络搜索信息，摘抄爱眼、护眼相关知识，并结合已有的生活经验来设计手抄报和海报，以达到宣传爱眼、护眼的目的。
学习目标	能懂得爱眼、护眼知识；了解相关护眼途径来表达和宣传爱护眼睛的重要性。
关键能力	合作探究能力、交流技能、逻辑思维能力。
关键学科知识	美术、自然科学。

（1）在各班开展爱眼、护眼主题班会，同时面向全体同学征集以爱眼、护眼为主题的手抄报，组员通过师生讨论把各班设计的手抄报进行评比，并评选出一批优秀作品进行展出（图9）。

图9　制作手抄报

（2）手抄报展出后，组员派出代表向前来观看的同学讲解手抄报里面的知识内容。

（3）绘制宣传海报（图10）。组员通过商量讨论绘制以春夏秋冬为载体的爱眼、护眼宣传海报，同时通过分工分别由四名同学担任春、夏、秋、冬的绘制工作。

图10　绘制海报

（4）把春、夏、秋、冬拼成一幅海报，课间时在走廊上给下课经过的同学做讲解宣传（图11）。

图11　在走廊为同学讲解

（5）编制，朗读爱眼、护眼顺口溜。

同学们在网上查找爱眼、护眼相关信息，摘录爱眼、护眼的顺口溜，组员们带动同学们朗诵顺口溜（图12）。

图12　朗诵顺口溜

探究活动五：分享爱眼歌曲

表5　"分享爱眼歌曲"教学设计表

核心问题	在日常生活中，有哪些歌曲可以增强学生的爱眼意识呢？
学生活动	通过网络搜索爱眼歌曲；通过听歌写一篇心得体会；并在教师和家长的协助下学唱歌曲《光明的未来》。
学习目标	能懂得爱眼、护眼相关知识；了解爱眼、护眼的歌曲；增强爱护眼睛的意识。
关键能力	合作探究能力、音乐素质能力、写作能力。
关键学科知识	音乐、语文。

通过主题班会、查找相关书籍，以及网上查找爱眼、护眼相关知识，接着网络搜索爱眼歌曲。通过听歌写一篇听

歌心得体会，并在教师和家长的协助下学唱歌曲《光明的未来》（图13）。

图13　搜索爱眼歌曲，并学唱

八、项目成果

学生作品如图14所示。

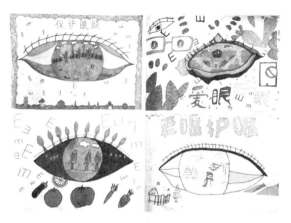

图14　学生作品

《义务教育数学课程标准（2022年版）》指出：数据意识主要是对数据的意义的感悟。通过本项目活动，让学生初步感受现实生活中存在着大量数据，其中蕴含着有价值的信息，利用条形统计图可以形象地呈现和刻画这些信息，知道运用数据可以解释和分析四年级各班学生视力的现状。

学生自行绘制近视人数统计图（图15），并调查对眼睛有益处的食物（图16）。

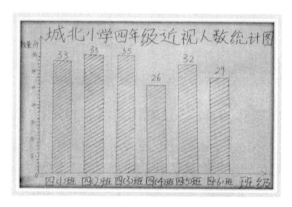

图15　学生绘制的统计图

对眼睛有好处的食物

序号	食物名称	所含物质	对眼睛的好处	可做菜式
1	胡萝卜	碳水化合物	能消除眼部的疲劳	胡萝卜烧肉
2	菠菜	维生素C、叶黄素	能够预防近视、干眼症	菠菜粥
3	核桃	维生素E	可以起到保护眼睛的作用	核桃枸杞鸡蛋羹
4	苹果	黄酮类化合物	可以防止眼睛受到细菌	苹果汁
5	蓝莓	蛋白质、脂肪	可以有效改善视力	蓝莓沙拉
6	韭菜	胡萝卜素	提高视力	韭菜猪肝
7	西兰花	抗氧化剂	有丰富的蛋白、维生素A	蒜蓉西兰花

对眼睛有好处的运动

序号	运动名称	作用
1	足球	改善眼睛视力的运动
2	散步	改善眼睛视力
3	打太极	通畅血液
4	跳绳	补充维生素A
5	网球	眼部血液流动，解除眼部肌肉长时间疲劳
6	乒乓球	可以帮助促进眼部的血液循环，消除眼部疲劳

图16　统计对眼睛有益的食物

　　学生利用周末时间，在家长的指导下学习美食，提高自理能力（图17）。

图17　周末在家制作美食

　　学生在教师的指导下，学习如何使用浏览器搜索护眼知识美食和运动，利用浏览器搜索爱眼歌曲。

　　基于学生找到了与爱护眼睛有关的歌曲，写一篇听歌心得，让学生对爱护眼睛有更深的了解。

爱眼秘诀我知道

小小眼睛很重要，人人都要保护好。

多吃蔬菜不挑食，写字姿势要端正。

背直头高要做到，一拳一尺要记牢。

走路乘车不看书，躺在床上别看书。

暗的地方要开灯，阳光底下不看书。

用眼时间要控制，要让眼睛休息好。

保护眼睛很重要，眼保健操不偷懒。

人人保护好眼睛，远离近视眼睛亮。

学生们把找到的爱眼歌曲投放到学校的校园广播，描绘爱眼歌单，并用喜闻乐见的形式演唱歌曲——《光明的未来》，同时提醒同学们要保护好自己的眼睛，多看绿色植物，少玩电子产品。在唱歌的过程中，同学们更加深刻地认识到爱护眼睛的重要性。

九、项目评价量表

常规的纸笔测评大多反映的是学生的学业成就和认知能力，而项目化学习则会涉及学生在实际场景中对知识、技能和态度的运用与呈现，因此需要一种真实性评价工具来支持项目化学习。评价量表（表6）能帮助教师测量学生的学习作品、学习过程和学习成就等方面的学习表现；还能帮助学生明确学习任务，聚焦学习目标，清楚自己的优缺点和努力方向，从而提高自我评价能力。

表6　爱眼护眼项目式学习评价量表

姓名：　　　　　　　　　　小组：

维度	标准	师评	自评	互评
明确目标（25%）	A. 知道目标，也能知道接下来大概要做什么 B. 清楚目标，但是不知道怎么做 C. 目标不清晰或者不完整			

续 表

维度	标准	师评	自评	互评
头脑风暴（25%）	A. 小组成员每个人都有自己的想法并能提供一些必要信息 B. 有两三个同学能提供一些信息和想法，但是信息不完整需要教师协助 C. 只有一个人有想法，能提供一些简单的信息			
分工合作（25%）	A. 小组分工明确，能认真对待组员的建议，有选择地接受，从而改进建议 B. 小组分工明确，但是个别成员不知道自己的分工，缺少对他人建议的思考 C. 小组分工不明确，只有一两个组员在组织或者做事情，小组成员缺少沟通			
阐述清晰（25%）	A. 表述完整，逻辑清晰，能清晰阐述本小组的成果 B. 表述能听懂，但逻辑不够清晰，能基本阐述本小组的成果 C. 表述含糊不清，不能清晰地阐述本小组的成果			
综合评价				

十、项目总结与反思

为期6周的爱眼护眼项目式学习圆满结束。同学们经历了完全不同的学习过程，通过自主学习、调查讨论、合作交流，获得了系统的数据，并能自主发现、分析问题、解决问题。在这一系列的行动中，同学们收获了知识，提高了动手能力，更重要的是，同学们认识到了眼睛的重要性，爱眼、护眼的意识大大地增强了。因此，学生只有不断地总结和反思，才能有不断的进步。回顾我们整个项目式学习活动，反思如下：

（1）本项目是关于爱眼、护眼的活动，基于"近视的同学越来越多了，是什么原因造成了视力下降？"这个驱动性问题展开。让学生分工合作，围绕问题进行讨论交流。这一项目的开展，不仅锻炼了学生的动手能力，还让学生充分认识到了眼睛的重要性，从而增强爱眼、护眼的意识。

（2）本项目特别注重学科的融合，用美术研究眼睛结构和宣传眼睛的知识，用数学调查分析关于近视的数据，用劳动技术认识护眼的食材，借体育锻炼眼球，借音乐感受眼睛的奇妙……这些都有助于学生的全面发展。

（3）本项目的活动落实注重动手操作，注重对学生核心素养的培养，在学科的融合过程中，旨在培养学生的学习、操作、合作、沟通等能力。

（4）任务活动设计板块化、有空间、有梯度，为学生的活动开展留有充足的发展空间。本项目活动可操作性、可实施性强。在活动中，爱眼、护眼的意识就潜移默化地融入他们的心中。

"营养午餐我设计"项目案例

一、问题提出

我校2021年积极响应国家"双减"政策,开展了午托服务,午餐实行统一配餐,解决了学生中午吃饭的问题。但一部分学生出现挑食、不合理饮食等问题,导致自身营养不平衡,进而影响到他们的健康和成长。因此,为了学生能吃好、吃饱,以健康、精力充沛的体魄来学习,我们引导学生以"营养午餐我设计"为驱动问题,进行了项目式学习。

二、项目实施者

张翠霞、邹春花、赖伟双。

三、学习目标

本活动目的是通过具体的情境任务,培养学生在实践中形成运用知识解决实际问题的能力,并进一步拓展学生的学习空间,充分调动和挖掘学生学习的主动性,从而在课堂学习与课外实践活动中全面提高学生的综合素养。

（一）知识目标

（1）通过问卷调查，以及对数据的收集、整理和分析，指导学生对收集到的信息进行检验、归类、整理，帮助学生掌握一些简单的数据处理技能，培养其小组合作、协调能力，以及与人交流的能力。

（2）借助营养师进课堂指导的方式，引导学生认识均衡营养膳食。

（3）通过谈一谈、评一评、改一改、画一画、写一写等活动，促进学生形成合理设计营养食谱的技能。

（4）通过购买食材、做一顿营养午餐等活动，学生能够学会简单制作营养午餐，并提高科学合理搭配午餐的意识，树立健康生活观念，从而提升自身动手实践能力。

（二）学科目标

语文学科：

（1）通过听讲座、搜集有关膳食的资料，设计营养午餐食谱。

（2）围绕营养膳食进行资料搜集，调查同学喜欢的膳食，并撰写简单的研究报告。

数学学科：

（1）通过设计调查问卷，利用数据分析问题，获取学校学生午餐膳食情况，并能够自主做统计图。

（2）分析并处理学生平时喜欢的荤菜与素菜的种类数据，掌握合理搭配午餐的方法。

劳动学科：初步掌握基本的家庭饮食烹饪技法，制作简单的家常餐，具有食物安全意识，合理科学搭配食物，从而进一步增强生活自理能力和家务劳动能力，初步具备家庭责任感。

美术学科：用活动作为驱动力，根据调查数据，先进行头脑风暴，并设计制作营养午餐食谱。

（三）素养目标

（1）认识午餐与健康相关知识，关注午餐的营养问题，学生能够掌握适应社会生活，以及进一步发展所必需的基础知识和基本技能。

（2）体会学科之间、学科与生活之间的联系，通过统计分析等活动，学生能够提高发现、提出和分析问题的能力，并逐步形成一种积极的、主动的研究方式。

（3）锻炼学生的口语交际能力及社会实践能力。

四、项目活动过程

（一）激趣导入，引出问题

邀请营养师为学生开展关于如何平衡人体的膳食营养的讲座（图1），让学生了解人体所需营养并初步理解什么是均衡膳食？为了进一步直观形象地了解"合理搭配膳食营养"的问题，接着组织学生观看《中国居民膳食指南》视频，从而激发学生兴趣，并引出驱动性问题："如何为学校午托班的学生设计一份营养午餐？"

图1 学生聆听营养师讲座

（二）调查分析，合理设计

1. 学生进行问卷设计

围绕"如何为学校午托班的学生设计一份营养午餐"这个问题，学生在教师的引导下进行了一次问卷调查设计活动。

（1）教师指导学生学习五年级语文下册第三单元"研究报告"的填写，让学生自主学习设计调查问卷。

（2）学生组内讨论并设计调查问卷。（图2）

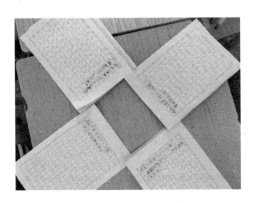

图2 小组谈论、设计问卷

（3）对学校午托班的学生开展调查问卷。

（4）运用数学数据分析的知识，分析、统计调查情况。

根据调查情况，得出相关统计数据，项目成员发现：

（1）学校的午餐在营养搭配上比较均衡，都会考虑荤素营养的合理搭配。

（2）在午餐的搭配上缺少蛋白质和碳水化合物的供给，因此学生建议搭配汤之类的食物。

（3）大部分学生还存在挑食、偏食的情况，认为午餐的菜品不合口味，因此建议增加饭菜的可口度。

2. 设计营养午餐

（1）学生通过小组交流、探讨研究，自主分析并实践，从而进行有效的合理分工。

（2）小组根据调查数据，统计同学们喜欢吃的荤菜、素菜、五谷在午餐中的应占有的比例。从"如何均衡午餐膳食"和"每一餐应该如何合理科学搭配"等问题切入，进行深入、具体的研究，从而设计一份"午托营养食谱"。

（3）小组围绕"我心目中的营养午餐是怎样的"进行了小组讨论，大家对自己心目中的营养午餐畅所欲言，组长统计结果，教师在学生讨论后加以总结和补充。

（4）结合部分学生挑食造成营养不均衡的情况，学生自主写倡议书（图3）。

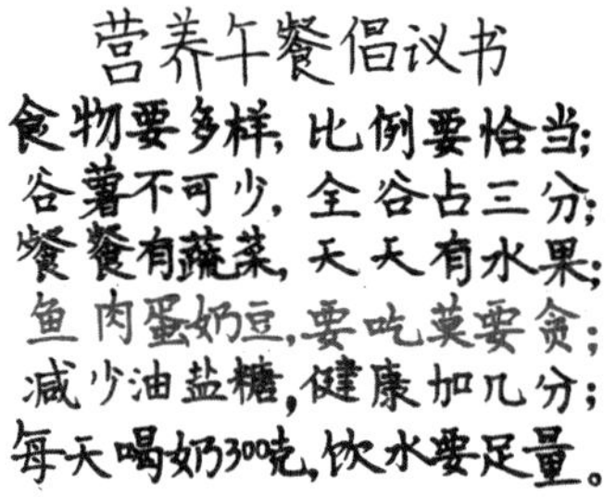

营养午餐倡议书
食物要多样，比例要恰当；
谷薯不可少，全谷占三分；
餐餐有蔬菜，天天有水果；
鱼肉蛋奶豆，要吃莫要贪；
减少油盐糖，健康加几分；
每天喝奶300克，饮水要足量。

图3　学生写的倡议书

（三）巧手制作，营养搭配

小组成员根据设计的营养食谱，动手制作营养鲜味午餐，并交流自己所制作午餐的搭配原因、制作方法和步骤以及注意事项，最后评选出最佳制作员。学生在动手制作的过程中，学会了如何选择健康的食材，如何搭配食物以达到营养均衡。这样一来，不但将学生所学到的营养知识运用到实际生活中，还培养了他们的动手能力，从而形成良好的饮食习惯。

五、项目总结与评价

（一）评价量表

《义务教育语文课程标准（2022年版）》指出：评价主

要以学生在各类探究活动中学习成果为依据，关注学生综合运用多学科知识思考问题、解决问题的态度和能力。本次项目式学习的评价量表主要设计评价项目、评价内容和评价方式，旨在对项目的过程进行全面评价（表1、表2）。评价以鼓励为主，既充分肯定学生的发现和创造，又引导学生注重自我反思提升。

表1 "营养午餐我设计"项目学习评价量表（一）

姓名： 小组：

评价项目	评价内容	自评	互评	师评
最佳调查员	A. 会设计问卷，大胆进行调查访问。（3分） B. 能分析问题，并发现问题。（3分） C. 能发现问题，分析得出合理的结论。（4分）			
最佳设计员	A. 能在教师的帮助下寻找解决问题的方法（3分） B. 能够独立思考并寻找解决问题的方法。（3分） C. 能够设计出有效的解决问题的方案。（4分）			
最佳制作员	A. 能根据营养均衡，合理采购食材。（2分） B. 能根据设计，会制作营养菜品。（4分） C. 能根据膳食营养，合理搭配菜品。（4分）			

表2 "营养午餐我设计"项目学习评价量表（二）

姓名：　　　　　　　　　　小组：

评价项目	评价内容	自评	互评	师评
发现 问题能力 （25分）	A. 会设计问卷，大胆进行调查访问。（3分） B. 能分析问题，并发现问题。（7分） C. 能发现问题，分析得出合理的结论。（15分）			
解决 问题能力 （25分）	A. 能在教师的帮助下寻找解决问题的方法（3分） B. 能够独立思考并寻找解决问题的方法。（7分） C. 能够设计出有效的解决问题的方案。（15分）			
创新 创造能力 （25分）	A. 能根据活动安排，有新的想法，并提出一种解决方案。（3分） B. 能根据活动安排，提出多种解决方案。（7分） C. 能根据活动安排，综合各种资料，提出最好的解决方案。（15分）			
动手 实践能力 （25分）	A. 能在教师或组员的协助下完成任务。（3分） B. 能借助各种资源，独立完成任务。（7分） C. 能互相合作，出色地完成任务。（15分）			
综合评价（合计）				

（二）活动总结

1. 评选最佳

根据评价量表，评选出最佳小组和最佳成员。

2. 优化成果

为了让所设计的营养菜谱能更合理，进一步优化菜谱，各小组选出优秀的食谱与负责午餐的公司交流。同时学生根据交流的建议对所设计的食谱进行优化，做到合理搭配、膳食均衡。

六、项目成效与反思

通过本次项目活动，学生不仅提升了自己的综合能力，还能更好地理解营养与健康的重要性，为未来的学习和生活打下坚实的基础。具体可以从以下几方面得到体现：

（一）团队合作与沟通

合作：学生通过分工合作，共同完成了营养午餐的设计和制作。在这个过程中，他们学会了如何与他人协作，尊重他人的意见和想法，同时也学会了如何表达自己的观点和需求。这种团队合作的经验对于培养学生的团队精神和协作能力非常有帮助。

沟通：在讨论午餐设计方案时，学生需要清晰地表达自己的想法，倾听他人的意见，彼此达成共识。这不仅锻炼了他们的沟通能力和解决问题的能力，也让他们明白了沟通的重要性，以及如何有效地与他人沟通。

（二）各科知识的学习与应用

知识获取：学生通过查阅资料、咨询专业人士等方式，自主了解食物的营养成分和健康饮食的原则。这不仅增加了他们的知识储备，也为他们的午餐设计提供了科学依据。

知识应用：在设计午餐时，学生需要考虑到食物的搭配和营养均衡，这让他们将所学到的营养知识应用到实际操作中。这种实践操作不仅有助于加深了他们对营养知识的理解，也提高了他们运用知识解决实际问题的能力。

（三）创新思维的培养

创新尝试：学生在设计午餐时，鼓励他们尝试新的食材组合和烹饪方法，这有效地激发了他们的创新思维。他们不再拘泥于传统的烹饪方式，而是敢于尝试新的创意，这使得他们的午餐设计更加独特和有趣。

解决问题：在设计过程中，学生们遇到了一些问题，比如如何确保食物的口感和营养并存，如何将各种食材巧妙地搭配在一起等。他们通过讨论和实践，找到了解决这些问题的方法，这锻炼了他们的问题解决能力。同时，也让他们明白了创新不仅仅是提出新的想法，更是要将这些想法付诸实践，从而解决实际问题。

（四）责任感与自我管理

责任承担：每名学生在项目中都承担了特定的任务，这让他们明白了自己的责任所在。他们学会了如何管理自己的时间和任务，以确保项目的顺利进行。这种责任感和自我管理能力的培养，对他们未来的学习和工作都非常有帮助。

时间管理：在准备午餐的过程中，学生需要合理安排时间，这让他们学会了如何有效地利用时间。他们学会了如何平衡学习、休息和娱乐的时间，从而使得自己的生活更加有序和高效。

（五）健康意识的提升

健康饮食：通过这个项目，学生对健康饮食有了更深入的了解。他们学会了如何选择健康的食材，如何搭配食物以达到营养均衡。这使得他们在日常生活中能够更好地把握自己的饮食，从而形成良好的饮食习惯。

生活习惯：学生通过这个项目，意识到良好的生活习惯对健康的重要性。他们开始关注自己的作息时间、运动习惯等，致力于努力培养健康的生活方式。这种健康意识的提升，对他们的身心健康有着积极的影响。

总之，通过"营养午餐我设计"项目学习活动，让学生懂得了合理搭配膳食的重要性，树立了科学饮食的意识，使健康永远相随我们的生活。

"智慧教学——别让平板牵着
我们的鼻子走"项目案例

一、问题提出

新的课程理念认为，课堂教学不是简单的知识学习的过程，它是师生共同成长的生命历程，是不可重复的激情与智慧综合生成的过程。2019年秋季学期，我校进行了大胆的教学改革，二至五年级各开设了一个智慧教学实验班，学校开始尝试开展智慧课堂教学改革探索。

经过一年的实践，智慧教学实验班大部分的同学都适应了这样的学习模式，学生的学习成绩有所提高，还养成了良好的自主学习习惯。但在智慧教学班的实施过程中也出现了许多问题，针对这些问题，我们进行了为期两个月的项目式学习。

二、项目实施者

李永娣、蓝兰、黄璇燕、梁月凤、张然、郭慧银。

三、驱动问题

学生通过观看视频——未来课堂，了解"什么是智慧教学？"，初步理解"调研"和"数据记录"的概念。

下面以问卷中的12、17题的调查结果为例。

第12题：你每天平均使用电子产品辅助学习多长时间？（单选）

选项	参与调查人数	比例
30分钟以下	351	40.44%
30—60分钟	383	44.12%
1—2小时	98	11.29%
2小时以上	36	4.15%

注：本题有效填写人次868人。

第17题：你心目中的智慧课堂是什么样的？（多选）

选项	参与调查人数	比例
快乐的课堂	766	88.25%
活动的课堂	473	54.49%
生活的课堂	360	41.47%
合作的课堂	380	43.78%
反思的课堂	289	33.29%
创新的课堂	700	80.65%

注：本题有效填写人次868人。

从调查结果看出，大多数学生心目中的智慧课堂是创新的、快乐的、活动的课堂。同时，60%的学生每天使用平板的时间超过半小时，90%以上的学生认为使用平板会影响视力。

针对限制使用平板的要求，大部分同学的心情是比较浮躁的。

根据调查结果，在教师的引导下，学生以"智慧教学——别让平板牵着我们的鼻子走"为驱动问题，进行头脑风暴，确定从以下三个子问题出发进行探究活动。

多元认识——我心目中的智慧课堂。

保护视力——爱眼、护眼、正坐姿。

阳光心态——让平板成为我们学习的好帮手。

本次活动旨在让学生通过探究在平板使用过程中出现的问题，提出相关解决的建议，让平板融入智慧课堂，从而提升教学效果和学习效果。

四、分组探究

（一）第一小组

第一小组围绕"我心目中的智慧课堂"，学生自主进行小组讨论，头脑风暴，大家对自己心目中的智慧课堂畅所欲言。

学生进行分组讨论，汇报得出学生心目中的智慧课堂是这样的：

温暖的大家庭；

高效的课堂；

快乐的课堂；

生活的课堂；

活动的课堂；

反思的课堂；

······

（二）第二小组

第二小组统计课堂平板使用时长和家里平板使用时长，从"保护视力"出发，学生身体力行，在实践中找方法，探究"如何保护好我们的视力？""什么是使用平板的正确姿势？"

1. 家长进课堂

为了了解更多保护视力的知识，我们邀请家长为学生上了一堂"如何保护好我们眼睛"的课，课堂上家长介绍了眼睛的构造和保护视力的方法。

2. 制作"爱眼、护眼"手抄报

学生对眼睛的认识更加深入，课后还制作了许多精美的手抄报，大家一起学习保护好自己的眼睛。

3. 实践中对比

学校每天都进行两次眼保健操，伴随着护眼知识的学习和宣传，学生发现传统的眼保健操在缓解眼睛疲劳方面作用不大，并提出改进小建议：建议改成做"眼球操"，"眼球操"在缓解视力疲劳方面比传统的眼保健操更有效。

4. "平板的正确使用姿势"宣传册

在智慧课堂上，很多学生使用平板的姿势不规范，为此学生利用一节主题班会课的时间进行平板使用姿势的相互指正。有的学生还制作了"平板的使用姿势"宣传册，在班里宣传阅读。

（三）第三小组

第三小组从"阳光心态，学会自控"方面入手，探究

"怎样让平板成为我们学习的好帮手，别让平板牵着我们的鼻子走"。组内交流"使用平板辅助学习时出现的问题"，讨论得出文明上网的小妙招，学会自控，克服无聊、无趣，让学生的内心充满阳光，让智慧教学生活更加丰富多彩。

1.小组讨论，剖析问题

学生进行分组讨论。学生将各自在课堂、家中使用平板存在的问题进行发言，教师予以总结。

（1）长时间的电子产品使用时长对睡眠及视力的损害。

（2）平板保管问题。

（3）乱用不正规链接。

（4）保存与学习无关的资料。

（5）作业乱答题、乱P同学照片。

（6）登陆他人账号。

……

2.光说不做假把式，师生用心齐献策

（1）学生制作绘本。

（2）邀请家长上主题班会——科学睡眠。

3.立下"军令状"，健康智慧用平板

经过自主讨论，同学们纷纷写下保证书，并把大家的保证书制订成四叶草，通过这种方式相互监督、相互鼓励。

五、评价与总结

（一）评价量表

本次项目式学习的评价量表（表1）利用不同维度和尺

度对项目的过程进行细分，学生对自己的行为进行有目的、有意识的改进，教师通过量表能够及时对学生的行为进行等级评价。同时学生在量表的引导下能够更专注于课堂、更富有创造力。

表1　评价量表

评价项目	评价内容	师评	自评	互评
发现问题，研究问题	A. 学生能够发现问题，自主分析问题，并得出合理的结论（18～20分） B. 学生能够发现问题，自主分析问题，并在教师和组员的指导下得出自己的结论（16～18分） C. 学生在教师和组员的指导下分析问题，并得出了自己的结论（14～16分） D. 学生只是复证所收集的信息，不能发现问题（10～14分）			
解决问题能力	A. 有效地解决了开始提出的问题，设计出行之有效的解决方案，并能帮助他人解决问题（18～20分） B. 有效地解决了问题，设计了解决方案（16～18分） C. 基本上能够自己解决问题（14～16分） D. 在别人的帮助下解决问题（10～14分）			
动手实践能力	A. 能够获取与主题有关的资料，能对实际生活中出现的平板使用问题进行分析，并提出行之有效的解决办法（18～20分）			

评价项目	评价内容	师评	自评	互评
动手 实践能力	B. 获取的资料部分与主题有关 （16～18分） C. 能获取少部分资料，并对其进行表面的分析（14～16分） D. 不能对问题进行分析（10～14分）			
创新 能力	A. 能灵活处理学习中出现的问题；能在对收集的信息进行分析的基础上生成新的信息，对问题的解决提出了多种答案、方案；所设计的解决方案有创意（18～20分） B. 能把收集的信息为我所用，生成新的信息；提出不止一种解决方案（16～18分） C. 能生成新的信息，但只提出一种解决方案（14～16分） D. 只能按部就班地完成自己所分配的学习任务（10～14分）			
任务 完成情况	A. 完全完成了所承担角色应做的任务，并能给他人提供大量建议（18～20分） B. 基本上完成自己的任务，且能对他人提供一些建议（16～18分） C. 基本完成自己的任务，但不提供任何建议。（14～16分） D. 几乎不能独立完成，经常需要提醒才会做配合（10～14分）			

（二）公约诞生

针对调查结果的分析以及学生在现实遇到的问题，各小组就"别让平板牵着我们的鼻子走"为驱动问题进行了热烈的讨论,学生从罗列的条条要求中,提炼出一则凝聚全体智慧的平板使用公约。

智慧平板使用公约

平板穿上保护套,还要贴好姓名条;

上课平板要放好,认真听课不乱搞;

互动区域不聊天,更不刷屏表情包;

网络游戏不可要,文明上网要记牢;

线上作业及时做,保质保量按时交;

随身携带不乱放,爱护平板防丢掉;

科学用眼防近视,每天做好护眼操;

平板公约要记牢,行为习惯常对照。

常对照!

(三)各小组小结

第一小组:通过这次学习活动,我们学会了独立思考、自主学习、合作探究,同时也让我们学会了在实际生活中发现问题—寻求方法—解决问题的问题解决方式。基于此我们对智慧课堂有了进一步的认识,发现在智慧课堂上我们可以高效地、快乐地、创新地进行学习。

第二小组:眼睛是心灵的窗户,如果没有眼睛,我们的世界将会是一片黑暗。我们的学习和生活都离不开眼睛,保护眼睛应当从小做起,并养成良好的用眼、护眼习惯。在智慧课堂上平板的使用率相对较高,通过参与本次项目式学习，我们不仅从手抄报和宣传册的制作中去收集并整理爱眼、护眼的方法，还从眼保健操的改良上亲身实践，以实际行动爱护眼睛。

第三小组：在这次项目式学习中，我们学会了合作，学会了沟通，学会了通过调查分析解决问题的办法。同时在解决问题的过程中，我们独立思考、积极准备，充分发挥聪明才智，既解决了问题，又增长了自己的见识和能力，提升了自信心，树立了阳光心态。整体而言，我们学会了自控的方法，让内心充满阳光，不让平板牵着我们的鼻子走，让智慧学习生活更加丰富多彩。

（四）总结

在这次项目式学习中，同学们积极参与，群策群力，共同探究如何让平板成为学习的好帮手，而不是让平板牵着我们的鼻子走。学生们均表示此次活动收获满满，希望以后有更多的类似活动，可以让他们尽情感受学习的乐趣，感受分享的乐趣，感受成长的乐趣。

"新国标电动摩托知多少"
项目案例

一、项目概况

（一）项目背景

2022年4月21日教育部正式颁布的《义务教育课程方案（2022年版）》和各科义务教育课程标准（2022年版）描绘了培育时代新人的蓝图，特别强调从学科本位、知识本位走向核心素养本位，深入推进核心素养导向教学，各课程标准以核心素养为纲呈现课程目标，以主题、项目或活动组织课程内容，强化学科实践和跨学科实践，驱动教学内容与方式的深层变革。同时强调要强化学科间的相互关联，增强课程综合性和实践性，通过关联性思维把知识联通起来，发挥不同学科协同育人的综合效应。

近期，英德市区片兴起一阵电动车"以旧换新"热潮，特别是在同学们返校路段——教育路一带有将近十间的电动车销售店。因此，在时代的引领下，同学们结合近期英德市

电动车统一置换的具体情境，对六（10）班的58名同学进行
跨学科项目化学习指导，开展"新国标电动摩托知多少"项
目化学习，并对在学习过程中产生的结果和问题进行记录与
研究。此次活动项目旨在让同学们在参与项目化学习中关注
真实的世界，在学习中深度理解并掌握知识，从而锻炼思维
能力，有社会责任感，具备团队沟通与合作等重要的终身学
习能力。

（二）项目名称

新国标电动摩托知多少。

（三）项目实施者

黄璇燕、朱志华、赵志美。

（四）驱动问题

本项目通过采访调查新国标电动摩托的情况，同学们从
不同角度探究新国标电动摩托的相关知识，关注更具有社会
关怀导向的真实问题，在跨学科的思考和问题解决中积累必
要的学习经验，培育自身思维能力。

总驱动问题：新国标电动摩托知多少？小组调研探究
"新国标电动摩托车的销量与什么有关？""为什么有人嫌
它慢？能解除限速吗？""与以前的有怎样的区别？与国外
的呢？""如何区分哪些车是新国标电动摩托？""对交通
安全有什么意义？"引导学生从不同的角度去探究新国标电
动摩托的相关知识。

（五）学习目标

1. 学科目标

语文学科：能将采访过程用简单的纪实作文记录，内容具体，感情真实，能根据内容表达的需要分段表述，以及将采访结果进行梳理和探究。

数学学科：对探究中产生的数据进行收集和处理，整理成统计图，以及会运用百分数的应用等知识解决实际问题。

道德与法治学科：运用义务教育教科书三年级下册第11课"四通八达的交通"和六年级上册第四单元"法律保护同学们的健康成长"中的"知法守法　依法维权"知识来巩固交通安全、地方政策等知识。

科学学科：结合《义务教育科学新课程标准（2022年版）》中提到的节能环保意识、绿色出行理念等知识体系，学生在有趣的探究实践活动中获得成就感，在"动手做"中养成解决问题的习惯。

美术学科：以美术的角度运用色彩图案美学对电动摩托作品进行设计，从而培养学生的设计审美能力和创新精神。

2. 素养目标

（1）通过调查问卷、查找资料、实地考察等多种方式，激发学生对新国标电动摩托、科技和交通知识的兴趣。

（2）通过多种各项活动，培养学生的口语交际能力、创新能力。

（3）通过一系列采访调查的实践活动，培养学生的团队协作意识、问题解决和合作探究的能力。

（4）在人与社会参与的过程中，发挥创意与想象，培养学生的创新意识，提高自身科创能力。

二、项目活动过程

（一）源起：创设情境，发现问题

随着社会经济步伐的不断前进，交通方式更加便捷、顺畅，电动摩托也时常出现在同学们身边，我校使用电动摩托送学生上学的家长数不胜数。在2022学年秋季开学初，同学们发现：上学路段的电动摩托销售店十分忙碌，家长也在激烈讨论置换电动摩托车的话题。根据这一现象，六（10）班的同学们以"新国标电动摩托知多少"为驱动问题，进行了为期一个月的项目式学习。

1. 调查问卷，初步发现

首先，为了更好地了解本班同学及家长对"新国标电动摩托"的了解程度，同学们自立设计并发布"新国标电动摩托知多少"调查问卷，诚邀家长和同学参与填写问卷。

2. 走进店铺，收集数据

其次，同学们走进电动摩托销售店，收集了5家电动摩托销售店在7～11月的销量情况（表1）。

表1 电动车7～11月的销量情况

品牌	7月销量	8月销量	9月销量	10月销量	11月销量
A品牌	29	72	89	27	9
B品牌	36	98	110	87	18
C品牌	37	79	109	78	15

续　表

品牌	7月销量	8月销量	9月销量	10月销量	11月销量
D品牌	58	110	156	120	27
E品牌	54	98	137	107	24

3. 数据处理，整理分析

　　针对已收集到的电动摩托销售店在7月至11月的销量数据，黄璇燕老师给同学们上了一节"数据处理"数学课（图1）。期间，同学们自主绘制了电动摩托均价条形统计图和电动摩托销售情况复式折线统计图，并在课堂中整理数据、分析数据。

图1　上课

（二）思考：头脑风暴，梳理问题

紧接着，同学们利用信息技术课查找相关资料（图2），进行头脑风暴，他们畅所欲言，深入剖析新国标电动摩托的问题。

图2　查找资料

根据讨论结果，同学们以"新国标电动摩托知多少"为驱动问题，确定从以下四个子问题出发进行探究活动。（图3）

图3　交流讨论

（1）新国标电动摩托车的销量与什么有关？

（2）新国标电动摩托为什么有人嫌慢？能解除限速吗？

（3）新国标电动摩托与以前的有怎样的区别？与国外的呢？

（4）如何区分哪些车是新国标电动摩托？对交通安全有什么意义？

（三）实践：采访调查，解决问题

项目式学习各小组成员，根据自己小组研究的主题，设计了一系列的采访计划与安排。

1. 采访家长，初步了解

为解决"新国标电动摩托为什么有人嫌慢？能否解除限速"的问题，同学们主动走出校门，贴近社会，与护航的志愿者一起为四小校门口的交通安全贡献一分力量，并在结束志愿工作后，采访了校门口的家长。

2. 交流沟通，了解民情

关于新国标电动摩托，有家长表示："时速只能是25km/h，确实有时比较慢，但为了大家的安全，能接受限速。"也有家长表示："速度太慢了，有点耽误时间，但是不能解除限速。"

还有家长表示："国外的电动摩托可以靠脚踏助力骑行，但是国内的新国标电动摩托的脚踏功能还是没发挥出来。"（图4）

图4　采访家长

3. 对比国外，提出建议

对此，同学们特意对比了出口欧洲的品牌F，它的车上电机没有任何的阻力，没有电的时候骑起来和普通自行车一模一样，可要是给它装上电池，它就能纯电骑行，也可以靠脚踏助力骑行。但是，国内新国标电动自行车的脚踏功能没有发挥出来，很难骑得动，特别是限速25km/h，实际平均速度低于25km/h，所以大家嫌慢。针对这个现象，小组成员经过讨论交流，建议可以把新国标电动摩托分为两类，有转

180

把、能纯电骑行的电动车，而且要上牌、考驾照的归类为机动车；没有转把、电机靠脚踏驱动的、限速25km/h，不要驾照、不要上牌的电动车归类非机动车；当然也可以设计一款自行车与电动摩托两种功能切换方便的电动摩托。

4. 采访店家，深入了解

为了更深入了解"新国标电动摩托"，项目式学习各小组成员分批走进学习附近教育路一带的五家电动摩托销售店，对店家进行采访，并做好记录。

通过对店家的采访，小组成员收获了以下知识：

（1）店家对7月至10月新国标电动摩托的销售额最满意，并且政府对推进市民置换电动摩托也有推出优惠满减活动。

（2）不同品牌的新国标电动摩托的亮点不一样，比如品牌C的电动车耐用，品牌B价格比较便宜，品牌A配置多、外形好看，品牌D的抗震好，品牌E外形好看也耐用。

（3）很多顾客在购买新国标电动摩托时，会受价格、安全性能、舒适度、续航能力以及质量返修率等因素的影响。

（4）新国标电动摩托的安全性能以及续航能力有了很大的进步，并且对速度的要求更高，电动自行车不超过25km/h，电动轻便摩托不超过50km/h。

5. 采访交警，答疑解惑

此时，有组员提出困惑："如何区分新国标电动摩托？怎么去判断哪些车是违规改装车，以及违规加速等问题？"带着一探究竟的想法，同学们主动邀请了交警叔叔接受他们的采访（图5）。

图5　采访警察叔叔

从与交警叔叔的采访，同学们知道了以下知识：

（1）可以通过是否有脚踏或者车牌来区分新国标电动摩托的车型和限载情况，而且驾驶者与乘客都要安全佩戴好头盔。

（2）新国标电动摩托要符合国际新标准，对车的重量、车速有控制，不可随意私自改变车速。

（3）电动二轮车主要分为两大类：电动自行车和电动摩托车，而电动摩托车又包括电动二轮摩托车和电动轻便摩托车，驾驶电动摩托车都要有驾驶证，满16周岁就可以去考取驾驶证。

（4）新国标电动摩托统一置换后，英德市区的电动摩托交通安全意识有很大的改善，不管是大人还是小孩，都有了正确佩戴头盔的意识。

（四）升华：内化知识，深入问题

经过同学们自主讨论、征询彼此意见（图6）后，他们纷纷用自己的方式展示自己的收获。

图6　自主讨论、征询意见

1. 宣传安全交通知识

　　有的同学穿上志愿者服，拿起安全提示牌，与护航家长一起为四小的师生保驾护航，并宣传新国标电动摩托安全知识。（图7）

图7 志愿活动，宣传交通安全

2. 小事做起，优化出行环境

上学路上，有同学看到学校门口的电动摩托杂乱无章，主动放下书包，与同行同学一起将电动摩托摆放到规定的黄色方格中。（图8）

图8　学生摆放电动车

3. 利用假期，了解更多有关出行和交通的安全知识

在寒假期间，有的同学走上社会，在一些活动中承担志愿者，还有的同学由现在的对新国标电动摩托的了解升级到航天知识，利用假期时间参观了珠海航天馆，了解更多安全出行的知识，感受中国航天事业的伟大！（图9）

图9　学生做志愿者、参观航天

三、项目成果交流与评价

（一）调查问卷

根据收集到的调查问卷，同学发现很多家长对于"新国标电动摩托"都是知其然而不知其所以然，大部分家长认为政府要求置换就置换，也有家长为了交通安全置换的，但是不知道新国标电动摩托有什么特别，甚至还有家长嫌弃新国标电动摩托速度太慢，想解除限速。

（二）统计图

同学们绘制了电动摩托均价条形统计图和电动摩托销售情况复式折线统计图，分析数据后发现：

（1）5家店都在8月时销量最高，在11月时销量直线下降。（图10）

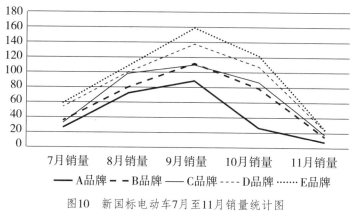

图10 新国标电动车7月至11月销量统计图

（2）品牌B、品牌C、品牌D的均价相对比较低，而品牌A和品牌E的均价比较高，但是品牌E和品牌D的销量比较好。（图11）

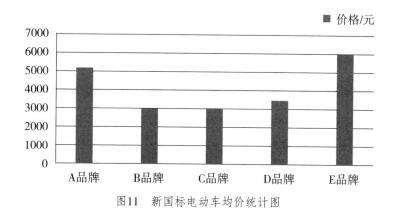

图11 新国标电动车均价统计图

（三）各类电动车的参数表

在与电动摩托店家和交警叔叔进行采访后，同学们整理出了"各类电动车的参数表"，见表2：

表2　各类电动车参数

电动车类型	电动自行车	电动轻便摩托车	电动摩托车
最高车速	≤25km/h	≤50km/h	>50km/h
整车质量	≤55kg	无限制	无限制
电池电压	≤48V	无限制	无限制
能否载人	部分允许载12岁以下儿童	不能载人	允许载一名成年人
属于	非机机动车	机动车	机动车
驾驶证	无须驾驶证	D、E、F证其中之一	D、E这证其中之一
牌照颜色	绿色	蓝色	黄色
有无脚踏功能	有	无	无

（四）科幻画

同学们用画笔绘下"科幻画"（图12）和心目中的"新国标电动摩托"模型（图13），并在旁边备注好它的性能和特点。在描绘模型的过程中，同学们在学中思，思中创，动脑思考，动手设计，收获了成就感，对未来生活充满了美好的探索愿景。

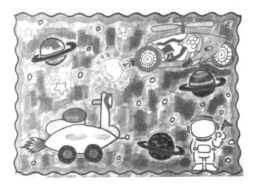

图12　科幻画

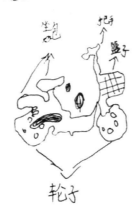

图13　学生画电动车

（五）倡议书

针对调查结果的分析以及同学在现实遇到的问题，各小组就“新国标电动摩托知多少”为驱动问题进行了热烈的讨论，同学们从在讨论过程中罗列的条条倡议中，提炼出一则凝聚全体智慧的交通安全倡议书。（图14）

冒情

修正栏

"新国标电动车"倡议书

街访邻居们：

现在电动车要骑新国标电动车，否则不准上路。但是很居民就会说："为什么呢？骑原来的电动车不香吗？"但是，原来的电动车比国标电动车快太多，现在国标都在80 km每时的。而且新国标电𫫇动车还有以下优点：

1. 国标电动车是国家认证的，可以放心上路。

2. 而且买新国标电动车可以以以旧焕新。就不用旧电新车没用了。

3. 还有一个注意事项：骑电动车要戴头盔。

2022年12月18日

倡议人：张大

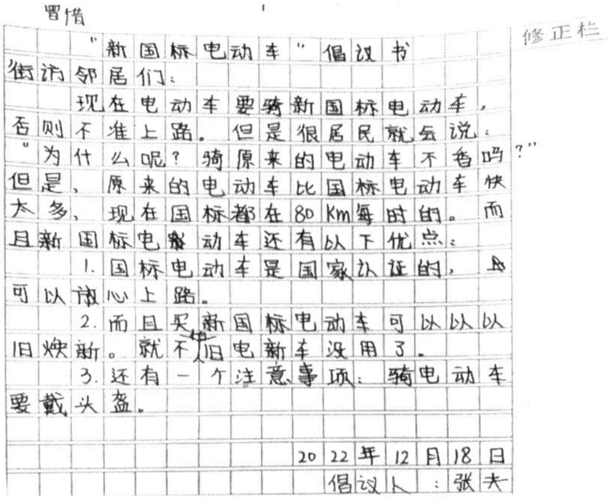

图14　学生倡议书

（六）评价量表

本次项目化学习的评价量表（表3）利用不同维度和尺度对项目的过程进行细分，同学们对自己的行为进行有目的、有意识的改进，教师通过量表能够及时对学生的行为进行等级评价。同时学生在量表的引导下能够更专注于课堂、更富有创造力。

表3 "新国标电动车知多少"过程性评价量表

姓名：　　　　　　　　　　小组：

评价内容	师评	自评	互评
可以清晰地知道本组的任务并实施开展。			
能快速收集整理数据并发现问题。			
能提出有效的解决问题的方法。			
有团队合作意识，尊重组员。			
能生成各种新的想法，综合各种想法提出最好的预案。			
能借助各种资源，形成创造性成果。			
能了解到关于新国标电动摩托的相关知识。			
在采访调查的过程中，表现得体，敢于提问。			
在活动中养成自主学习、合作探究的好习惯。			
我的收获：			

5★：优秀；3★：中等；2★：一般

四、活动成效与反思

（一）学生小结

在这次项目化学习中，我们不仅学会合作、沟通、通过调查分析解决问题，还增长了见识，增加了自信心。同时也让同学们学会了在实际生活中发现问题—寻求方法—解决问题的问题解决方式。基于此，同学们对新国标电动摩托有了进一步的认识，在课堂上同学们可以更加高效地、快乐地、创新地学习。

（二）教师总结与反思

在这次项目式学习中，同学们善于调查采访，会用自己的语言表达观点，在积极参与项目合作中开阔了视野，在社会参与中明晰作为人类文明共同体的责任担当，在活动中综合自主运用各学科知识解决问题，让学习真正发生，从而为自己的终身学习能力奠定坚实的基础。教师通过探索"新国标电动摩托知多少"的跨学科项目式学习的可行性和有效性，进一步激发学生的好奇心、想象力、探求欲，致力于培育具有科学家潜质、愿意献身科学研究事业的青少年群体，切切实实地提升学生的研究意识、实操能力、表达与交流能力，增强环保意识，同时也不淡化学科课堂的趣味性，利于学生接受，让核心素养落地，为知识运用赋能。

下 篇

开展项目式学习活动的
策略及感受

浅谈"语文+"跨学科项目式
学习设计

《义务教育语文课程标准（2022年版）》提出：教师要
至少要用10%的课时来进行跨学科学习。"语文+"跨学科项
目式学习与传统的传授式课堂最大的区别在于：跨学科项目
式学习涉及至少两个科目或以上的科目参与；跨学科项目式
学习主要以实践活动为主，要求联结课堂、学校内外，学习
的领域更宽、空间更广；跨学科项目式学习的内容不仅局限
于学科学习，还可以是社会生活中有意义的话题；跨学科项
目式学习更注重在综合运用多学科知识，发现、分析、解决
问题的过程中，提高语言文字运用能力；跨学科项目式学习
以学生小组活动为主，教师引导为辅，更注重学生自主、合
作能力的培养。

现在使用的小学部编版语文教材并没有设置专门的跨学
科学习的任务，那么，作为小学语文教师应该如何来设计跨
学科项目式学习活动呢？

一、紧扣教材特点，找准切入点

部编版小学语文这套教材的编写注重学生的创新能力和实践能力的培养，如综合性学习的编排；注重主题组织单元，教材中的每一个单元都是围绕人文主题和语文要素双线组织单元的；注重自主、合作、探究学习方式的养成：如口语交际、快乐读书吧的编排；注重语文和生活的联系，凸显实践性，加强语言文字运用，如课后练习活动的设计，语文园地的内容安排等都引导学生联系生活，在生活情境中运用语文凸显语文课程实质性的特点。

这些编排特点，让"语文+"跨学科项目式学习活动有了可能。教师只需要在教学过程中紧扣教材特点，适时找准切入点就可以自主设计跨学科项目式学习活动。

（一）整合综合性学习，进行跨学科项目式学习设计

"综合性学习"作为一种课程形态，将生活与实践相结合，以学生的学习和生活为出发点，倡导自主、合作、探究的学习方式。教学中，教师可根据单元内容引导学生进行整合，以活动为载体，以任务为驱动，促进学生语言素养的整体发展。

如：部编版五年级下册第三单元是一个主题为"遨游汉字王国"的综合性学习单元。围绕本单元主题，教材安排了"前言""汉字真有趣""我爱你，汉字"三个版块。"前言"对汉字做了简介，布置了本单元主要的活动任务；后两个活动版块包含"活动建议""阅读材料"两部分，"活动

建议"提示了具体的活动内容和方式，意在通过任务驱动的
方式，带动整个单元的学习。

单从语文科的角度出发来学习本单元是无法很好完成本
单元的学习任务的。在教学时，我根据本单元学习的内容和
方式进行了整合。我先提出一个驱动性问题"英德市文化局
将举办第一届中华文化交流会，现需招聘小小汉字讲解员，
如果你被聘任了，你会怎么来解说汉字呢"。

围绕驱动性问题，以"我们要了解汉字文化，做好小小
汉字解说员，应该搜集哪些资料？如何搜集资料？我们应该
怎样把调查结果形成研究报告？"为子问题，展开了一系列
的探究和认知过程。

从不同学科的角度探究"小小汉字讲解员"，从语文
角度提出"可以从哪些方面了解汉字？搜集资料的途径有哪
些？如何搜集资料？"等问题；从数学角度提出"汉字在世
界上的影响发生了怎样的变化？可以用哪些方式直观呈现数
据？怎样从数据中分析并找到问题根源？"等问题；从书法
的角度提出"怎样写好楷书横幅、隶书座右铭？"等问题；
从培养学生核心素养角度提出"在跨学科学习中怎样锻炼发
现、提出、解决问题的能力，以及小组合作、综合实践能
力？怎样培养主动学习的习惯和探究的意识？"等问题。

（二）开发普通主题单元，进行跨学科项目式学习设计

部编版小学语文教材中更多的是以"人文主题""语文
要素"双线组织的单元。其实这些单元也蕴藏着跨学科学习
的要素，这就需要教师用一双慧眼去发现和开发。如二年级

下册第一单元就是以"春天"为人文主题组织的一个单元，本单元以"春天"为主题，依次编排了四篇课文前三篇课文，用优美的语言，生动的故事描绘了春天的足迹，旨在激发学生自主发现、观察，感受春天的兴趣。

随着教学的深入，我们会发现，只是这样去感受春天是不够全面的，若教师适时地跟学生提出"我们还可以用什么样的方式去感受春天呢？"这样一个驱动性问题，学生的思维便会一下子被激活。我们可以设计一个"我是春天的使者"活动，引导学生从"春之色彩"（美术拓印）、"春之美食"（劳技）、"春之茶香"（综合）、"春之诗篇"（语文）四个方面去感受春天。

这样既使得学生全方位地感受了春天，又培养了他们发现、提出并解决问题的能力，还培养了他们团结协作的精神。

（三）挖掘"快乐读书吧"内涵，进行跨学科项目式学习设计

部编版小学语文教材中的"快乐读书吧"以带动学生课外阅读，使课外阅读课程化。教师在引导学生阅读的同时，还可以挖掘其中的内涵，促使学生更加深入地阅读。如：五年级下册的"快乐读书吧"结合"走进中国古典名著"单元推荐学生阅读古典名著，让学生掌握古典名著阅读的方法，从而体会中华文化的博大精深。中国古典名著最出名的无非是"四大名著"，其中《红楼梦》堪称"中华之文化小说"，这部书中充满了中华传统文化的精华。若教师在指导学生运用本单元所学的阅读名著的方法阅读这部作品时，能再以"探寻《红楼梦》中的中华文化"为驱动，让学生自由选择，组成"红楼梦中的茶文化""红楼梦中的建筑文化""红楼梦中的饮食文化""红楼梦中的服饰文化"研究小组进行阅读，最后分小组展示研究成果。这样一来，学生不仅仅巩固了阅读名著的方法，还探寻了名著的内涵，更培养了学生的核心素养。

二、活动原则

跨学科项目式学习活动要顺利且有效地开展，需要遵循以下几条原则。

（一）明确本质问题

语文学科为主，其他学科为辅。"语文+"跨学科项目式学习活动是以语文学科为主，其他学科参与辅助，落实语文学科核心知识的一种学习活动。在"遨游汉字王国——小小汉字讲解员"这一跨学科项目式活动中，根据单元目标，设置了"我们要了解汉字文化，应该搜集哪些资料？如何搜集资料？我们应该怎样把调查结果形成研究报告？"这一本质问题。那么，在活动过程中，所有的活动设计都是为了更好地落实这一核心知识。

（二）设计驱动性问题：具有驱动性与延展性

好的驱动性问题能够激发学习者的注意力，使其主动投入项目探索中。所以，一个好的问题能够提供给学习者一个广阔的、多象度的探索空间，它既能激发学习者学习的内在动力，也能提纲挈领地指出持续思考自我探究的方向。

在跨学科项目式学习中，驱动性问题的设计首先必须具有驱动性。即这个问题既能引发学生的兴趣，激发学生的高阶思维，又能为学生提供问题解决的方向。比如我在设计"遨游汉字王国——小小汉字讲解员"这一跨学科项目式学习活动时，提出的驱动性问题就是"英德市文化局将举办第一届中华文化交流会，现需招聘小小汉字讲解员，如果你被聘任了，你会怎么来解说汉字呢？"这个驱动性问题是基于英德市每年举办的"英德红茶文化节"提出来的。学生对于这一活动已经非常熟悉，有些学生甚至还参与过这个活动。现在提出这个驱动性问题，与学生距离更近，更具有情境性和实践性，学生会乐于接受并主动参与活动。

其次，驱动性问题还需要具备延展性。即问题能够促使学生去改进、提高。如：我在设计"遨游汉字王国——小小汉字讲解员"这一跨学科项目式学习活动时提出的驱动性问题"英德市文化局将举办第一届中华文化交流会，现需招聘小小汉字讲解员，如果你被聘任了，你会怎么来解说汉字呢？"这一问题体现了活动的流程：应聘—聘任。学生需要先准备好应聘的讲解词，再进行应聘，若被聘任了还需要为讲解做更充足的准备，若没被聘任则可以提出进行二次招聘。所以，在这个活动的过程中，学生是需要不断改进和提高的。

（三）督导活动过程

主辅分明。跨学科项目式学习活动是以学生自主合作、主动探究学习为主，教师引导为辅的一种学习方式。在活动过程中，教师需要注意做到两点：一是做好引导者，避免过分干预学生的实践；二是做好本分工作，避免做甩手掌柜。在活动过程中，主要是由学生自由组成学习小组，选择探究方向，制订计划并加以实施。教师在这个过程中只需要定期了解各组活动进度以及遇到的困难，并指导学生根据实际情况进行调整。

（四）展示活动成果：分享与评价并重

跨学科项目式学习活动，最终都要形成一个公开的活动成果。这个成果必须是指向驱动性问题，并落实本质问题的，成果的形式可以多样，公开的形式也可以是多样的。

"遨游汉字王国——小小汉字讲解员"这一跨学科项目式学习活动的成果公开方式如下所示：

① 团队成果展示。举办一个汉字交流会，让学生扮演汉字解说志愿者进行解说、演示，并在活动现场提供解说手册、合成视频、演示文稿等。

② 个人成果展示。手抄报、思维导图、书法作品、书签等张贴展览。

伴随着项目式成果的产生，公开的成果汇报所产生的就是项目式学习的评价。项目式学习中的评价应该是多元且丰富的。项目式学习的评价应该包括过程性和总结性评价；项目式学习的评价应该指向学习目标；项目式学习的评价应该指向主体参与的程度；项目式学习的评价应该多层面进行。整体而言，做好项目式学习的评价能促进学生真正投入学习，培养学生的核心素养，提升其关键能力。

综上所述，核心素养导向下的课程教学，跨学科学习是必不可少的一项。它既能改变学生学习的方式，改善教师教学的方法，又能促使课程改革加快进程。

（朱翠丽）

在跨学科主题学习中"成长"

——以"我是小小分类师"为例

　　《义务教育数学课程标准（2022年版）》明确提出，设立跨学科主题学习活动，加强学科间相互关联，带动课程综合化实施，强化实践性要求。新的课程标准给一线教师指引了一个新方向，特别是在综合与实践主题学习领域，要求根据不同学段的学生特点，以跨学科主题学习为主，适当采用主题式学习和项目式学习的方式，设计情境真实、较为复杂的问题，引导学生综合运用数学学科和跨学科的知识与方法解决问题。这也就意味着小学数学教育从"教师教、学生学"的模式转向以培养学生自主创新为主的项目实践。本文是跨学科主题学习实践的初次尝试，结合具体案例呈现项目化学习的各个环节和具体措施，希望能给后续学习研究带来一些启示。

一、根据教学内容，确定主题

北师大版一年级数学下册"数学好玩"单元"分扣子"是指导学生学习分类的方法以及判断分类的结果，而人教版道德与法治课一年级下册第三单元第11课"让我自己来整理"，这节课则是指导学生如何用分类知识去解决实际生活问题，比如收拾书包、书柜、房间等。对于一年级的学生而言，急需培养他们的责任意识，养成自己的事情自己做，以及会自主整理书包和准备学习用品等良好的生活学习习惯。于是，围绕"分类"这一知识点，借助跨学科项目式学习，本次教学设计了"我是小小分类师"的主题学习活动。

二、研读课程标准，确定各科目标

《项目式教学》一书中提到"一旦教师把PBL与课标对应，他们就能够确保这份学习经历是值得投入时间的。""对课标的刻意关注并不仅仅发生在设计阶段。在驱动问题、项目评价量规、入项活动、学习支架、公开展示的成果和评估计划等实施阶段，都要向期望达到的课标看齐。"因此我们在项目开始前认真研读了第一学段的学生在数学、语文、道德与法治、劳动和美术课程标准中都有哪些具体要求，并把相关目标摘录下来，最终确定了总体目标以及各学科相关目标。

三、设计入项活动，激发探究欲望

收集真实的生活情境，在道德与法治课"不做'小马虎'"上进行播放，让学生充分讨论与辨别他们为什么会马虎呢？怎样才能不马虎？在讨论交流的过程中，教师应适当加以引导，让学生认识到学会收拾整理真的很重要，进而对分类整理的知识、方法和步骤产生探究欲望。

四、搭建学习支架，降低活动难度

在《项目式教学》一书中有这样一段话"通常来说，搭建学习支架是一个重要的教学手段，但对帮助所有学生在PBL中取得成功来说，却是必不可少的。其目标是要创造条件和支持，让每一位学生都可以踮起脚尖够到学习目标。在学习支架的帮助下，学生可以取得他们原本无法取得的成就。"一年级的学生自学能力和创新能力都处于待激发的萌芽状态，教师当然应该协助给学生的探究提供引导和学习支架，让每一位学生都能尽可能地独立思考并主动参与到每一项活动中。

（一）发现学生需求，搭建知识型学习支架

学生在入项活动后对分类收拾整理的知识、方法和步骤产生了浓厚的探究欲望。这时，教师就要及时搭建学生现有知识和探究欲望之间的知识桥梁，帮助学生掌握、重构并内化所学的知识技能。

通过设计数学课"分扣子"和道德与法治课"让我自己

来整理"，让学生自主学会分类整理的相关知识，了解分类规则，认识到对物品进行整理分类的重要性，同时也知道了及时对物品进行归类摆放就可以不做"小马虎"。在学生要对同学们整理书包以及文具是否带齐的情况进行调查时，需要设计调查和统计的相关表格。由于一年级的学生还没学习过统计与概率的相关知识，因此，教师仍需在此之前普及一些调查统计的简单方法。

可见，知识型支架是由学生的实际需求随时增加补给的，学生遇到难题时因为有了新的知识辅助解决问题，才能继续保持探究的热情。

（二）借力辅助实践，搭建助力型学习支架

家庭项目式学习有六部曲：寻找主题、制订规则、查阅资料、动手制作、展示分享、总结反思。而分类整理是需要在真实的生活情境中实践操作的，因此，在本次跨学科主题学习活动中，教师为学生搭建了助力型支架，向家长借力，协助学生完成整理任务。这也就类似于家庭项目式学习，只是教师已经给定了主题，在家长的协助下，学生只需完成制订规则、查阅资料、动手制作和展示分享这四步，最后一步总结反思则放到在学校进行。

通过家长的协助，学生在家里自主整理书柜、衣柜、厨房、客厅等，有些家长拍下了整理前后的对比图，有些家长用视频记录下孩子整理的整个过程，知识真正地用到了生活中，真正做到了运用理论知识指导生活实践。有了实践的基础，在学校用了1天的时间进行物品分类宣传册的制作，引

导学生把物品分类整理的方法和步骤利用宣传册的形式画下来，通过语言归纳再次巩固分类整理知识。

借助生活实践，当助力型学习支架及时搭起，我们会发现孩子们会更主动地去完成任务，同时也获得了更多的能力，而不是失去某一些能力。

（三）知识迁移设计，搭建拓展型学习支架

针对一年级学生爱玩的特点，我们连接了分类知识和飞行棋的纽带，搭建了拓展型学习支架，让学生尝试设计"分类桌游"。同时在语文和美术教师的协助下，学生分组商讨版面设计和创编游戏规则，最后完成一份完整的"分类桌游"成品。

我们试着给学生看了多款飞行棋、大富翁小游戏的规则，和学生一起进行头脑风暴，分析游戏规则的拟定方法，最后再在小组内确定自己组的游戏规则。对于仍然处于看图说话阶段的一年级学生而言，这真的是一个巨大的"挑战"，但胜在游戏设计有趣，教师适时引导各项分工，比如写字工整的学生负责书写、绘画好的学生负责画图、语言组织能力较强的学生负责汇总等。

整体而言，抓住学生的心理特点和兴趣爱好，教师适时插手搭建学习支架，学生便能在困难中保持学习动机，自主寻求解决问题的办法，成功挑战"不可能""不会""做不到"。

五、适时评价，反思促"成长"

本次跨学科主题活动进行了三方面的评价：

（1）根据评分量化表选出最优宣传册。

（2）试玩分类桌游后选出最受欢迎桌游。

（3）根据综合评价量表先进行自评，再进行师评。

反思本次活动，基本达到了我们的预期目的，通过绘制分类宣传册和设计分类桌游的活动，学生的语言表达与沟通能力、团队分工和合作能力都有所提高，同时也为养成整理物品的好习惯做好知识和动手实践储备工作，帮助学生在日常生活中慢慢改掉马虎的坏习惯。但项目总体时间拉得太长，在日常教学活动与项目主题活动的时间安排上，应该要有更详细的预案。

蔡元培先生曾经说过，"教育者，非为已往，非为现在，而专为将来。"当今世界科技进步日新月异，人们的生活、学习、工作方式不断发生着改变。我相信，作为一线教师的我们定然会勤勉认真、行而不辍，不断创新实践，在数学教学领域继续发光、发热，致力于人人都能获得良好的数学教育，不同的人在数学上得到不同的发展。未来，我将会在跨学科项目式主题学习中继续探索！

参考文献

［1］中华人民共和国教育部.义务教育数学课程标准（2022年版）［M］.北京：北京师范大学出版社，2022.

［2］苏西·博斯，约翰·拉尔默.项目式教学：为学生
创造沉浸式学习体验［M］.周华杰，陆颖，唐玥，
译.北京：中国人民大学出版社，2020.

（梁月凤）

项目式学习案例中的教师角色

　　基于项目式的学习被定义为"一种课堂活动的模式，它脱离了短暂且孤立的以教师为中心的课堂教学，取而代之的是强调长期的、跨学科的、以学生为中心的，且与现实生活中问题和教学模式相融合的实践"。项目式学习不仅是一种教学方法或者教学技术，更是一种教育理念，它要求学生自主参与、探究，主动解决问题，使学生在真实模拟与深度实践中建构知识，形成高阶技能，从而为其未来有质量的学习、工作与生活打下基础。在小学课程体系中，我们引进项目式学习的教育理念，有计划、有步骤地开设以项目式学习为主要形式的跨学科探学课程，不仅是因为项目式学习的教育理念本身符合培养"全面发展的人"的要求，契合当下学校对育人目标的达成路径，更重要的是项目式学习的课堂与传统课堂相比，在科学精神、学会学习、实践创新等具体关键能力形成方面具有明显优势。

　　我有幸参与学校基于项目式学习的校本课题研究。在课题研究初期，教师们对项目式学习课程都处于茫然不知所措的状态。其中最大的原因在于这种新型的课程形态并不为大家所熟悉，教师们感觉无从下手，只能摸着石头过河，一步步实践、纠错、再实践，慢慢理清思路，才使课题成型。项目式学习没有明确的教材、教学目标，需要"无中生有"的设计、实施、评价，于教师来说是从未遇过的教学难题与挑战。如何进行项目式学习的课题研究，并使之有序、有效实施，确保给学生提供深度学习的平台？我认为，必须从改变教师的教育观念入手，在充分认识项目式学习的优势的前提下，重新定位教师在教学活动中的具体角色。

一、项目主体的设计者与驱动者

传统课堂具有明确的教学任务。对教师来说，教学实施一般按照既定的教学材料与事先明确的学科教学目标，依据课前的教学环节设计推进教学过程的完成。学生的学习结果则因为个体学习能力的不同而存在较大的差异，因此其学习结果不明确且成效无法预知。而教学过程的推进更多的是根据教师的环节需要进行讲授、实践，学生能够获得的学习自主权非常有限。

项目式学习的任务一般模糊定义，但项目式学习的结果却有明确的定义与要求。项目式学习的备课不是简单地解读教材、确定教学目标，而是要设计出一个切实的项目，项目中含有"真实"的问题。问题的"真实"与否，恰恰是驱动学生与教师参与探究与深入学习的最大驱动力。真实的"问题"中，隐藏着对学生诸多知识与技能的投入预设。换一句话说，项目式学习中的项目产生并不是一味迎合学生的兴趣，也不是某位教师一时的兴起而为，它的产生是多位学科教师对相应群体的学生现有综合知识与能力的科学评估，以及对该项目可能推动学生进行深度学习的状态的充分预测等前提下产生的。

一群教师如何成为一个项目式学习活动的设计者和驱动者？以一年级的项目学习设计为例。多个学科的教师（包括语文、数学、美术、道法、综合实践学科等）必须聚在一起形成一个有效的团队，以此确保活动在跨学科实施时的专业性。作为项目式学习设计者的第一步，这场聚集必须是一场有质量的头脑风暴。首先明确一年级学生已有的学习心理、知识储备、能力形成。一年级学生是从幼儿园到正规学校教育的过渡期。这个阶段的孩子正对生活的世界形成一个初步的看法，他们善于识别物体的特点、判读物体之间的相同点和不同点，能很快并很容易掌握任何一个物体的固有特征，而且他们乐于向他人交流自己已经做过的事，具有强烈的表达欲望。但对于刚入学不久的一年级学生来说，生活、学习、行为习惯都会有点困难。现阶段的孩子们还处于变化和正在变化中，很多时候会依赖家长和教师，就像整理书包这种事情多数由家长代劳，大多数学生不会适时整理自己的物品，总是丢三落四。

为了更好地落实学科课程标准中关于学生培养的目标，全面培养并发展学生的核心素养，帮助学生养成良好的生活习惯，增强学生的生活自理能力，我们设计了"物品分类宣传与实践"这样真实的任务情境，来辅助学生完成本课题的学习任务，并确定"小小分类师"作为本次项目式学习的主题。

项目式学习具有模糊的任务定义，有明确的结果，需要学生合作完成，并综合运用多学科知识，具备一定解决问题的能力等。"小小分类师"正是符合上述要素，且具有真实问题的项目式学习活动。它的产生从无到有，其设计与驱动很大程度上依赖教师团队学生知识与能力的评估与预测，具有极强的教学专业性。

二、探究活动的旁观者与协助者

在一个项目式学习活动的启动与实施过程中，教师更多的是作为旁观者与协助者的角色，"隐身"在学生学习活动的各个阶段，并随时提供必要的技术支持。项目式学习中，教师作为知识的旁观者，基于学习和课程的需要进行必要的讲授、点拨等协助，以更好地帮助学生掌握问题解决技能，以及将课堂学习和现实世界相结合，促使更多的知识变成技能。

在"小小分类师"项目实施的第一阶段，学生分类知识欠缺，此时正是学生感到彷徨之际。在学生彷徨之时，教师不能继续旁观，而是应鼓励学生，并给学生提供实时的帮助。同时教师应该根据学生需求给学生在课堂上传授分类知识。教师设计数学课"分扣子"和美术课"我是小小分类师"教学设计并安排授课，帮助学生学习物品分类的相关知识，了解分类规则，认识到对物品进行整理分类的重要性。
其次，学生在家进行实践分类整理时，教师要尽可能保持
旁观者的角色，切忌在学生遇到困难时"毫不犹豫拔刀相
助"，此时正是学生解决问题，进行学习力提升的重要环
节。学生在家对书柜、橱柜、衣柜、鞋柜等生活区域进行准
确分类整理，并在实践中总结出分类整理的方法和步骤，养
成分类整理物品的好习惯，提高生活的自理能力。教师适时
的旁观与协助能更好地帮助学生学会思考、学会学习，促使
知识向技能的转变。

三、问题解决的参与者与评价者

项目式学习属于探究式学习的范畴，主张以学生为中
心，通过合作探究解决具有现实意义的问题，旨在培养学生
的批判性思维、协作问题解决能力、自我管理能力、自主探
索能力等重要的跨学科能力。在项目学习成果展示阶段，教
师由旁观者与协助者变身为参与者与评价者。通过参与团队
学习成果展示与提供评价的方式，给予学生项目解决过程的
反馈与成果的评估，从而促进学生学习活动后续的价值提
升。对学生来说，在项目活动过程中获得教师肯定的评价，
并明确其成果能够进行公开展示，就能大大提高学生参与项
目的积极性，激发其更大的探索热情与问题解决的动力。

那么，教师如何参与到项目式学习中，成为团队中的
一员，得到学生的认同感，而又以团队成员的身份在学习过
程中给予学生良好的辅助？以"小小分类师"为例，教师应

尽可能参与到每一个小组的每一个环节中，尤其是项目学习刚刚起步的学习团队，并作为组员为学生提供一定的学习帮助。比如在学生调查同学们整理书包以及文具是否带齐的情况，并自行设计调查问卷阶段，教师可以以组员的身份，参与各组问卷调查设计，并提供一些适时的帮助，如就问卷内容、表格设计、数据统计等问题给学生进行答疑解惑，帮助其完成任务。而在各个小组设计制作分类宣传手册之后，教师可以以评价者的身份，将各组的分类宣传手册进行一次比较展示，促使各团队彼此之间取长补短，从而确保分类宣传手册的完整性。

好的项目会把学生对学业内容的掌握和技能的发展作为中心，通过教给学生重要的内容标准和概念，让学生学习如何将知识运用到真实的生活中，以解决现实实际问题。作为参与者的教师是将对学生学习能力的信任作为学生学习的支援；作为评价者的教师是将评价作为学生学习的向导。以上两种角色也是项目式学习中不可或缺的项目资源。

四、资源生成的学习者与思考者

从无到有的项目式学习对教师自身的认知视野、教学理念、备课能力等提出新的要求，教师必须首先变成学习者，学着将知识能力等教学目标转化并隐藏在一个真实的项目中，还要尝试把握社会发展对人的能力的要求，明确各个阶段学生应该掌握的相关知识与关键能力，并通过项目式学习打破学科边界，进行无缝整合。这样的学习活动设计，以及实施与评价本身就是教师学习与思考的过程。

项目式学习的教师将项目作为教学资源，并在其中寻找学科整合的主题、方式、方法等，从而找到推进学生高阶思维与深度学习的最佳组织形式。教师应该以学习者的姿态从反思者的角度不断吸取经验，使下一个项目式学习优于本次项目学习，并使项目找到学习之间具有一定的延续性和逻辑性，从而获得较为专业的项目式学习的课程开发能力。

比如在"小小分类师"的项目学习中，由于项目主体设计中并未对分类桌游作品进行足够详尽的描述，而初次尝试项目式学习的一年级学生也没有足够的全学科探究能力，因此出现的较为集中的问题在于思考、探究不够深入，所呈现的作品形式较为单一。由此，教师必须思考分类桌游的设计，应针对不同能力的学习小组有丰简不一的描述与规定，以确保桌游设计中问题（如游戏元素的设计，游戏规则的制订等）的顺利解决。另外，对作品呈现的要求与小组学习的成果评价必须在项目实践环节前期进行公布，尽可能使项目式学习呈现丰富性与多样性。

在小学教学中，项目式学习能有效打破学科间的壁垒，成为传统分科教学的有利补充，并促进学生学习方式、教师教学评价方式的转变。项目式学习模拟真实情境，综合运用多学科能力，指向问题解决与作品呈现，属于应用性学习，因此其必然有别于学生在生活中原生态的自然习得。也正是因为如此，在整个项目式学习中，教师必须充分体现教育者的价值，从设计、驱动、旁观、协助、参与、评价、学习、

反思等多角度进行定位，确保应用性学习有效促进学生深度
学习，并帮助学生获得全方位的能力提升，以实现社会赋予
教师的职能和期望。

（吴小丹）

"遨游汉字王国——小小汉字讲解员"PBL项目活动开展有感

为了让学生高度认同中华优秀传统文化，对中华优秀传统文化的生命力坚定信心，热爱国家通用语言文字，热爱中华文化，继承和弘扬中华优秀传统文化，我们进行了"遨游汉字王国——小小汉字讲解员"项目式学习。

我们结合五年级下册第七单元口语交际"我是小小讲解员"开展活动，引导学生围绕驱动性问题"英德市文化局将举办第一届中华文化交流会，现需招聘小小汉字讲解员，如果你被聘任了，你会怎么来讲解汉字呢？"进行资料搜集以及整理、探究、交流等。此次活动极大地调动了学生学习汉语言文字和中华传统文化的热情，也培养了学生的动手能力和团队合作能力。

第一次设计和引导学生参加项目式学习活动，在整个活动过程中，我们发现有很多让人欣喜的地方：

一、激起了学生对中华传统文化的热爱

这次"遨游汉字王国——小小汉字讲解员"活动大大激起了学生对中华传统文化的热爱，如书法、剪纸、印章等。同学们在上网查找有关这些传统文化资料的过程中，更加深入地了解了书法、剪纸、印章的相关情况。有些同学还自学起剪纸，他们觉得剪纸是一项很讲技巧的艺术。由此可见，热爱中华传统文化的种子已经开始植入学生的心中。

二、培养了学生的自主能力和策划能力

这次活动开展时间比较长，为了保证活动的有效性，活动前我先布置了制订活动计划的作业，学生自己推选组长，并以小组为单位制订计划。学生们热情很高，大家先根据全班同学居住地点进行了分组，确定各组组员，然后推选组长。组长组织组员经过认真讨论，制订本小组的活动计划。同时根据组员的不同特长，有的组制订了纸质的活动计划，有的组制作了彩色图画的活动计划，有的组还制订了PPT的小组活动计划。接着，组长根据计划组织组员选择自己感兴趣的内容去搜集资料，如：有趣的谐音歇后语、有趣的谐音笑话、有趣的谐音故事、关于汉字的古诗、有趣的形声字等。

三、培养了学生的实践能力

俗话说："不下水，一辈子不会游泳；不扬帆，一辈子不会撑船。"这次活动很好地培养了学生的实践能力。

（一）利用多种形式查找资料，锻炼了学生搜集资料的能力

同学们根据制订的计划，采用多种形式查找资料。如上网查找相关资料、去图书馆查阅书籍、请教自己的亲人或社区的老人等。有部分小组还在家长的带领下，几个组员一起到图书馆查找资料，还一起去访问小区的老人。组员们一边查找一边记录，并商量采用哪些有用的资料。

（二）实地调查，锻炼了学生大胆实践的能力

活动计划中有一项是实地调查，通过查找同学作业本上的错别字，以及实地到街头调查错别字，从而锻炼学生大胆实践的能力。在平常的学习活动中，同学们会在习作评价时互相评价同学之间的习作，但是很多同学都不会认真注意同学是否写错了字。这次活动的主题是查找错别字，这让同学们兴趣大增，拿着字典认真对照，以谁找到的错别字最多为赢。在查找和对照过程中，既锻炼了学生大胆实践的能力，又纠正了同学写的错字，减少同学写错别字的概率，并增加了自己的识字量，一举三得。

除此之外，有部分组员在家长的带领下走上街头调查错别字。刚开始这些同学在发现街头招牌用错字的时候并不敢指出，但是在小组讨论之后，有个别小组鼓起勇气向商家指出。虽然并没有得到商家的认可，但是能迈出勇敢的一步，也大大提高了这些同学的实践能力。

（三）呈现成果方式多样，锻炼了学生的整理资料和汇总资料的能力

以往活动都是教师汇总资料，并用PPT呈现资料，但这次活动把整理和汇总资料的主动权交给学生，虽然有几个小组在整理资料时分类不够清晰，但也有几个小组分工明确，用不同的方式整理和汇总资料。有的小组用手抄报展示，有的小组用思维导图展示，有的小组用PPT展示，还有小组用图解小册展示。这些都充分体现了同学们参与的热情和用心。

项目式教学让教师动起来，让学生动起来。在项目式活动中，学生自由组织、自主探究、自信学习，活动时有计划、有组织、有行动、有汇报、有评价，大大培养了学生的综合能力。项目式学习就像一首动听的乐曲，愉悦学生的心灵，又像冬日里的暖阳，激发学生的热情，更像奔流不止的溪水，带领孩子们奔向知识的海洋。

（姚小翠）

开展项目式学习的心得体会

　　接触项目式学习已有一大段时间了，回想起刚接触"项目式学习"这一词时，真是一脸茫然。曾经"探究式学习、合作学习、主题式学习"这些学习模式还深深刻在脑海中，所以对突然冒出的"项目式学习"这一模式，内心起初有些抗拒。但是我们的项目化主持人王冬梅校长和赵志美老师在联盟研讨会上多次鼓励我们不要害怕新的模式，要勇敢踏出第一步，还带领我们阅读了《跨学科项目式教学》《备课专业化——学教评一致性教学设计的理念与操作》等书籍。

　　俗话说：纸上得来终觉浅，绝知此事要躬行。虽然我从这些书中对项目式学习有了一些认识，但只有理论基础还不够，如何在教学上有效开展这一学习模式，也是我们的困惑。

　　很快，在广东省校本教研基地的引领下，承办校英德市第四小学在各年级开展了项目式学习案例设计校级课题的活动，而本人也非常有幸能成为其中的一位实践者。在课题主持人朱翠丽老师的带领下，结合五年级语文第三单元的单元特点——综合性学习单元，我们组很快确立了课题的主题

221

"遨游汉字王国"。为了让学生在活动中对中华汉字做深入的了解，更直观地感受汉字的趣味，我们让学生分工合作搜集相关的资料，成功举办了字谜会、"汉字真有趣"交流会、"小小汉字讲解员"活动。期间，学生的绘画、书法、演讲、信息技术、数据分析（做数据统计图）等能力得到大大提高。相对于传统的教学模式，项目式教学对培养学生核心素养的优势显而易见地凸显出来，这也让我在今后的教学中开展项目式学习这一学习模式有了更丰富的经验。

回顾这一课题的开展，我感受较为深刻的有以下几点：

（1）项目式学习课题的开展，要紧扣学科知识，这样在实施过程中能更有针对性指导，也能在落实教学任务的同时，达到更多学科的融合，从而提高学生综合运用学科知识的能力。

（2）在项目式学习过程中，要对学生活动有指导，让学生在实践过程中产生问题，自主探究并解决问题。

（3）对学生的评价要多元，不要只有教师方面的评价，可以是学生自评、互评、家长评等，从而让学生在全方位评价中得到肯定和指正。

总之，在双减政策下，项目式学习真正地使学生的主体地位得以落实，让学生真正站在课堂的中央，让教学真实改进，使课标真正落地。

（罗家丽）

在探究学习中感受学习的快乐

——以三年级项目式学习案例"传统文化，我们来传承——从清明说起"为例

美国的苏西·博斯和约翰·拉尔默在《项目式教学：为学生创造沉浸式学习体验》中提到，要想在变化的世界里成功，需要具备什么样的能力和品质？所有群体的回应中，都有一种共识：除了学科知识和技能外，学生还需要成功的素养，如协作能力（口头、书面和视觉化的）、沟通表达能力、批判性思维和问题解决能力、项目管理和自我管理能力、创造和创新能力，以及应对自身生活和所处世界的挑战的责任感。而项目式学习实践活动正是养成这些能力和品质的最好的学习方式，这种方式也越来越被全世界关注。2022年新修订的义务课程标准对跨学科项目式学习有了明确的要求，旨在让学生在探究式、活动式的项目式学习中体验探究带来的乐趣。

《义务教育数学课程标准（2022年版）》指出："改变

单一讲授式教学方式，注重启发式、探究式、参与式、互动式等，探索大单元教学，积极开展跨学科的主题式学习和项目式学习等综合性教学活动。根据不同的学习任务和学习对象，选择合适的教学方式或多种方式相结合，组织开展教学。通过丰富的教学方式，让学生在实践、探究、体验、反思、合作、交流等学习过程中感悟基本思想、积累基本活动经验，发挥每一种教学方式的育人价值，促进学生核心素养发展。"

《义务教育语文课程标准（2022年版）》指出："以活动式的项目学习引导学生在实践活动中，联结课堂内外、学校内外，拓宽学习和运用领域；围绕学科学习、社会生活中有意义的话题，开展阅读、梳理、探究、交流等活动，在综合运用多学科知识发现问题、分析问题、解决问题的过程中，提高语言文字运用能力。学生形成主动学习的习惯和探究意识，提升学生的学习能力和核心素养；在小组活动中养成团队合作、交流探究、分享成果等良好的道德品质，体验自主、探究、实践学习带来的乐趣。"[1]

有了课程标准的指导，教师们在项目式学习活动开展时，通过将项目与有意义的学习目标对应起来，让学生理解为什么要学习这些内容，开展项目式学习才能更轻松。可如何在教学过程中开展跨学科项目式学习？设计项目时是从课

---

[1] 中华人民共和国教育部. 义务教育语文课程标准（2022年版）
[M]. 北京：北京师范大学出版社，2022.

标开始，还是从学生感兴趣的内容开始好一些呢？

带着这样的疑问，2022年4月，我和几位教师尝试开始了一个传统文化的项目式实践活动"传统文化，我们来传承——从清明说起"。在探究的过程中，我发现，要想让项目式学习开展起来，教师的教学方法必须得有很大的改变，教师不再是负责传授知识、无所不知的专家，而是见多识广的指导教练、学习的引导者，以及整个探究过程的向导。

一、改变教学方法，让学生成为学习的主导者

在三年级语文下册第三单元的综合实践性学习活动《中国传统节日》中，学习目标是让学生更全面地了解中华传统文化，通过探究传统文化对学生进行人文素质教育，激发起学生传承传统文化的热情。因此，教师在教学古诗《清明》后，通过抛出以下问题："你了解清明节有什么习俗吗？""你知道清明节是为了纪念谁的吗？"让同学们进行小组讨论，再引导他们以"如何更好地传承清明传统文化？"为驱动问题，进行为期45天的跨学科项目式学习。

学生首先围绕清明这一传统节日，经过讨论，在班上进行一次调查活动，检测同学对清明传统文化的了解情况。再通过数据分析，教师指导设计探究活动：①感受历史之美、文化之美——清明传统文化我来"演"、我会"读"；②体验劳动之美——清明传统文化我会"做"；③理解文化之美——清明传统文化我会"画"、我会"说"、我会"写"；④传承文化魅力——我会"编"。学生在一系列的

实践活动中加深了对清明传统节日的理解和认知，保护和传承了中华传统文化，培养了他们从小传承优秀传统文化的意识。

在这45天的跨学科项目式学习中，学生是学习的主导者，教师是指导者，双方共同探究了清明这一传统节日的文化，学生找到了学习和传承传统文化的方法，为其后续的学习打下了良好的基础。

二、尝试展示成果，让学生在评价反思中成长

《义务教育语文课程标准（2022年版）》指出："跨学科学习的评价主要以学生在各类探究活动中的表现，以及活动过程中完成的方案、海报、调研报告、视频资料等学习成果为依据，要关注学生综合运用多学科知识思考问题、解决问题的态度和能力。评价以鼓励为主，既充分肯定学生的发现和创造，又引导学生自我反思提升，不断提高跨学科学习的质量。"[①]

在项目式学习实践活动中，成果展示与评价这一环节尤为重要。学生通过成果展示，不仅能训练自身的表达能力，还展示了自己解决问题的能力。同时，在多样的评价过程中，更大程度地提高了项目式学习的质量。

在语文教学过程中，通过传统文化的实践探究活动，同

---

① 中华人民共和国教育部. 义务教育语文课程标准（2022年版）
［M］. 北京：北京师范大学出版社，2022.

学们合作完成的"传统文化我来传承"成果展示会，既展示了自己小组合作完成的成果，也共同分享、交流自己在实践活动中的心得体会；同时设计评价量表并进行自评和互评，反思自己的学习方法，总结经验。学生对自己参与的活动过程进行有目的、有意识地改进，教师通过评价量表及时对学生的行为进行等级评价。学生在评价量表的引导下能共同协作，运用多学科知识发现问题、解决问题，更富创造力。

三、探究式学习，让学生感受学习的快乐

在近几十年的时间里，我们的生活随着信息技术的发展，经济和社会的联系更加紧密，而许多的活动、工作也让合作成了常态，都以项目的形式来组织。世界在变化，学校教育也自然得改变。

传统的教学方式，是以教师为中心的授课方式，而这样的授课方式对于这个飞速发展的时代已经无法满足时代的要求。因此，作为新时代的教育工作者，必须从根本上转向更创新的、以学生为中心的教与学的方式，引导学生进行探究式的学习，让学生在学习中感受到学习的快乐。

在进行"传统文化，我们来传承——从清明说起"这个项目式学习实践活动中，学生全程自主探究，学会合作，在通过调查分析数据后确定活动项目，在项目实践解决问题的过程中，有学生的独立思考，也发挥了团队合作精神，还增长了见识，锻炼了实践沟通能力。同学们学会互相评价，学会反思自己的学习方法，总结经验，养成良好的学习习惯，

为今后的学习打下良好的基础。整个探究过程中，有教师的指导、家长的陪伴、同学的帮助，同学们在快乐的氛围中学习，轻松地掌握知识，感受到学习是快乐的，不再把学习当成是负担，也与课程标准的要求对应，有利于培养自身良好的学习习惯和核心素养。

项目式学习就是边做边学，只有通过亲身去体验，并反思自己的经验，才能更好地掌握项目式教学实践。学生感受到学习的快乐，教师在实践活动中接受新的教学方法，教学也变得有了乐趣。

（蓝兰）

转变方式，让学习变得有趣、高效

——项目式研究随笔

2020年，我第一次接触项目式学习，在连续两年参与项目式学习中，自己一直处于迷茫的状态，对项目式学习仍是一知半解。2021年，学校成为省基础教育校本教研基地后，在王冬梅校长和教研室赵志美老师的带领下，我们正式从理论学习慢慢摸索到实践操作，对项目式学习有了较深刻的了解：要想学生做好一个学习项目，教师的教学方法要有很大的转变，要鼓励学生积极地发问，激动其保持好奇心，并积极进行同伴学习。

2022年3月，我和三年级的老师们一起组成了项目式学习小组，和三年级的学生进行了"传统文化，我们来传承——从清明说起"的项目式探究学习。本项目问题的提出主要有以下方面的考虑：①在教学时发现学生对中国传统文化较陌生，对中国的传统文化热爱程度低。②三年级下册的语文课本第三单元的综合性学习中也提倡学生要了解中国的传统文化，并要求学生进行探究学习。③《义务教育语文课程标准（2022年版）》也明确提出："在语文学习过程中，培养爱国主义、集体主义、社会主义思想道德，逐步形成正确的世界观、人生观、价值观；热爱国家通用语言文字，感受语言文字及作品的独特价值，认识中华文化的丰厚博大，汲取智慧，弘扬社会主义先进文化、革命文化、中华优秀传统文化，建立文化自信。"项目的开展时间也正是清明节前，因此我们就以"清明"这一传统节日开展了项目式学习。

在实践探索中，我们也曾一度迷茫，常在为了突破传承传统文化的方法上纠结。为了更好地开展项目，项目组的教师常聚在一起学习、探讨，最后才确定了以下活动项目：

（1）让学生查找资料，与同桌交流后设计问卷，调查三年级学生对"清明"这一节日的了解程度。

（2）学生分析数据，提出问题。

（3）让学生交流自己查找到的诗词，以及对诗词的理解。

（4）把自己对"清明"的理解用自己喜欢的方式（绘画、手抄报、思维导图、作文习作等）表达出来。

（5）展示自己的作品和对自己的学习进行评价。

通过这一系列的活动，学生对"清明"这一节日有了更深刻的了解，也接触了项目式学习这种学习方式。通过项目式学习活动的开展，把只在课堂中学习知识这种单一和传统的学习方式改成了开放式、校内外结合的方式，同时运用多学科的知识加深了学生对知识的理解，也帮助学生更深刻地领悟了学习的乐趣。在活动中，孩子们是快乐的，同时他们各方面的能力都得到了锻炼，从而全面提高了学生的核心素养。

对于教师而言，教师在教学方式上也得到了一定转变，从教学生知识变成教学生学习方法，让学生的个性得到张扬。我相信，跟随着新课程标准的理念，在每个学期开展一两次的跨学科项目式学习，学生和教师一定会有不一样的收获，学生学习的积极性也一定会得到提高，学习质量也会再上一个台阶。

（蓝兰）

项目式学习理念下的课堂

本学期我有幸参与学校基于项目式学习的校本课题研究。依据项目式学习活动开展的要求，需要我执教一年级下册"分扣子"这一节数学课。

项目式学习理念下的课堂与传统课堂有明显的区别。传统课堂具有明确的教学任务。对教师来说，教学实施一般按照既定的教学材料与事先明确的学科教学目标，并依据课前的教学环节设计推进教学过程的完成即可。

而在本次项目式学习活动实施过程中，教师是作为协助者的角色，在学生需要时提供必要的技术支持。在"小小分类师"项目实施的第一阶段，学生分类知识欠缺，此时正是学生感到彷徨之际。在学生彷徨之时，教师不能旁观，而是要鼓励学生，并给学生提供实时的帮助，于是教师根据学生需求在课堂上传授分类知识。我们设计数学课"分扣子"教学设计并由我给学生授课，本节课主要让学生学习物品分类的相关知识，了解分类规则，认识到对物品进行整理分类的重要性。

在"分扣子"这节课教学结束后，我有很多感想，收获颇多，感触很深。根据一年级学生好玩、好动的特点，我把这节课设计成综合实践课，让学生始终在玩中学，从而真正地参与到课堂中来。在开课后，直接出示大图片，让学生直接进入观察发现这一环节，把任务直接交给学生。同时让学生以自主、合作、探究的学习方式，主动参与到本课的学习中。课堂中没有教师生硬的讲解与演示，而是让学生在组内讨论交流，在动手操作中体会和掌握知识。这样一来学生真正成为学习的主人，而作为教师的我则是学生活动的组织者、引导者与合作者。

在本节课的教学中，我始终坚持以激励性评价给学生鼓励，让学生始终在教师的赞美和肯定中去学习，使学生保持一种积极的心态，更乐于学，更主动学，更积极地表现自我。

同时课后布置学生在家对书柜、橱柜、衣柜、鞋柜等生活区域进行准确分类整理，让学生在实践中总结出分类整理的方法和步骤，养成分类整理物品的好习惯，提高生活的自理能力。

在本课的教学中，我始终以项目式学习的教育理念为指导，让学生自主学习参与、探究，解决问题，使学生在真实模拟与深度实践中建构知识，形成高阶技能，从而为推进本次项目式学习活动的进行打下坚实的基础，也为学生未来有质量的学习、工作与生活奠定基础。

（吴小丹）

项目反思促成长

为期三周的跨学科项目式主题学习活动"我是小小分类师"顺利结项，整体来说还是达到了预期的目标。在学生的成果中能发现一些比较优秀又有思考深度的作品，特别是分类桌游的设计，学生脑洞大开，敢想敢做，完全没有被困难吓倒，他们勇于挑战并寻求解决问题的办法，已经突破了自己。

为了继续完善这个项目，以便于下次更好地实施，也为了今后更有计划地规划未来的项目，我将从以下几个方面进行反思：

一、项目主题的确定

围绕"分类"这一主题进行跨学科的主题学习活动是由教师提出的，并没有结合学生现阶段的真实需求出发考虑。我建议确定主题应该要有前置性，至少提前一个月确定好主题，针对一年级学生，教师可以拟定多个主题让学生分析并做出选择。

二、项目的设计

这次的项目设计比较符合一年级学生的年龄特点，游戏化的活动方式特别受欢迎，因此在整个活动过程中，学生都能保持较高的学习积极性。在学生遇到困难时，教师及时搭建知识支架，引导学生克服困难，顺利完成活动任务。尽管由于生理、心理和知识的不成熟导致最终作品的满意度不高，但是他们参与的热情，以及积极独立思考与团结一致的精神，让我深受启发，这也是我们项目活动的一个素养目标啊！

有点遗憾的是，本次项目没有利用社会资源，比如安排学生到家政公司、小区等社会场所进行采访调查，我认为从家政人员和家庭主妇身上应该能接触到更多的收纳整理小窍门，能为学生养成良好的生活习惯树立起身边的榜样。

三、项目的时间安排

经过本次跨学科主题活动，我深深地感受到做好日常教学工作和主题学习活动之间的时间规划非常重要。就如本项目中的调查问卷，并不需要一个星期的时间，把记录一周带齐文具的情况调查后再铺开，不仅限于本班学生，随机抽取整个年级两天的记录数据即可。另外，如果合理安排了教学活动，那在分类桌游的设计、试玩环节也不需要用到一周的时间。这样算下来，不到三周的时间就可以完成整个项目活动。

在家庭式项目化学习阶段，我们应该尽量安排在周末进行，这样家长才会有更充足的时间协助孩子一起完成。当然，在本次活动中，周四开始布置，周日上交成果，在时间上而言也是足够的。

四、项目的评价

首先，这次的评价活动美中不足的是缺少家长评价，在家庭式项目化学习活动中，家长是有协助孩子完成的，因此家长对学生的评价是一个不可或缺的部分，没有家长的评价，整个评价活动就不够完善了。其次，给学生自评的时间太短，应该先让学生进行自我总结，可以写下来，也可以直接画下来，而不应仅限于自评项目的星星数。

下次再做低年段的跨学科主题学习活动，我一定做好规划，给予学生信息，及时帮助学生搭建知识支架，用好家庭式项目化学习，耐心地等待学生心中的那一个个"能力"慢慢萌芽。

（梁月凤）

在深入反思中持续进步，实现课堂
与生活的学科融合

随着时间的流逝，我们的课题组项目"我是小小分类师"已经圆满结束。这个项目历时三个多月，期间，我们经历了许多挑战，也收获了许多宝贵的经验。

在过去的一个学期里，我积极投身于课题组的研究工作，与成员们共同学习、探讨和实践。在这个团队中，每个人都能充分发挥自己的主动性，大家集思广益，注重在实践中提炼知识，深入研究，不断突破。在这个过程中，我也得到了很大的成长。作为课题组的一员，我主动学习，坚持在线阅读专业书籍，汲取他人的成功经验，学习他人的优秀做法。我始终坚信教育科研是先导，课堂教学是主阵地，因此我不断实践、不断学习。

本次项目式学科探究专题"小小分类师"成功地将语文、数学、道德与法治、劳动、美术等多个学科的课程资源进行了跨学科整合。我们设计了数学课"分扣子"和美术课

"我是小小分类师"的教学方案，并安排了授课。学生们学习了物品分类的知识，了解了分类规则，认识到整理分类物品的重要性。我们还布置了劳动课任务，让学生在家进行实践分类整理，如对书柜、橱柜、衣柜、鞋柜等生活区域进行准确分类整理。在实践中，学生们总结出了分类整理的方法和步骤，养成了良好的分类整理习惯，提高了生活的自理能力。此外，学生们还通过创新性地完成宣传册编写任务和设计分类桌游，锻炼了文字能力，培养了创新意识，提高了实践创新能力。同时，学生们在小组活动中培养了善于团队合作、交流探究、分享成果等良好的道德品质，能够进行有效的团队协作，灵活运用多学科知识解决问题，体验自主、探究、实践学习带来的乐趣。

经过这个项目的各种活动，我们也在不断地突破自我，致力于提升团队合作能力和沟通能力。同时，我们也对如何激发学生的学习兴趣和培养各方面能力有了更深入的思考。而在这个项目式学习中，学生们不仅提升了各方面的能力，还学会了关心身边的人和事，变得更加勇敢、懂得合作、敢于担当。

课题研究需要有思考、有实践、更需要有提炼。这是我自己做得不足的地方，今后我会继续努力并有所改进。

在未来的教学中，我将更加注重培养学生的创新意识和实践能力。通过开展更多的项目式学习活动，让学生在实践中自主发现问题、解决问题。同时，我也将加强与其他学科教师的合作与交流，共同探讨如何更好地将各学科知识融入实际生活中。

　　此外，我还将继续关注学生的个性化发展需求，尊重每名学生的差异性。针对不同学生的特点和兴趣爱好，制订个性化的学习计划和方法。同时，我也将鼓励学生积极参与课外活动和社会实践活动，拓宽他们的视野和知识面。

　　最后，我将不断提升自身的教育教学水平。通过参加各种培训和研讨会等活动，不断更新教育理念和方法。同时，我也将积极借鉴其他优秀教师的成功经验，不断提高自己的教学能力和教育素养。

（陈碧圆）

项目式学习下美术学科在跨学科
融合作业中的重要性

随着国家"双减"政策的出台，学校作为"双减"主阵地，与"减负"并行的是"增效"和"提质"，即增强课堂教学实效、提高教育教学质量。在"双减"背景下，学校结合学科特点和地理环境，推出"项目式学习"方式，整合语文、数学、英语、美术、道德与法治课、劳动教育等学科教学资源，旨在从多角度提质增效。

再者，随着课程改革的不断向前推进，学科融合的教学理念早已深入人心。美术教学要注重加强与其他学科的联系，培养学生的综合思维能力，并通过日常训练使之得到强化。

爱因斯坦说："当你把学校给你的所有东西都忘记以后剩下的就是教育"。小学教育作为整个人生教育过程的开端，德、智、体、美、劳融合式的教育，可以培养孩子良好的学习习惯、正确的道德观念、积极向上的求知欲、良好的人际交往能力、敢于质疑和探索的精神、强烈的自我规范意识等。"美术教育"在学生的整个学习生涯中都有着关键性作用，可以让其在学习任何内容时都具有鉴别和创造能力。

在"双减"背景下，我校推出一系列的项目式作业，旨在创新作业形式。我校主要以季节、重大节日、天气、重要活动等为突破口，打破学科界限，融会贯通。事实上，我认为在融合作业中，美术学科有着不可替代的重要作用，例如以"我是小小分类师"为主题。一年级数学学科的几何图形分类、桌游设计图；语文学科的设计分类宣传册；道德与法治课中"不做'小马虎'"制作问卷调查表；劳动课中对生活物品进行有效且美观的分类；美术课绘制丰富多样的分类作品等，可以说美术的视觉传达功能更为凸显。

如教师带领学生学习"我是小小分类师"这个内容时，在开展教学活动之前应该确定教学方向以及学习任务，并合理进行各个学科之间的统筹。

当前，各学科相互渗透，在教学中有意识地融入其他学科知识也已经成为美术课堂教学的必然趋势。多学科知识的融合可以有效刺激学生的感官，培养学生的创意思维能力和思考能力，让学生的综合性思维得到锻炼。同时通过创新形式的作业，可以提高学生的综合能力，对于学生创造思维的发展有促进作用，也有利于学生提高学习兴趣，主动学习探究，增强自身艺术修养，从而全面提高综合素质。

（黎苏香）

致　谢

在《项目式学习在小学语文教学中的研究与应用》一书的编撰过程中，我们深感一路上有太多值得感谢的人。首先，我们要对那些在教育一线辛勤耕耘，不断探索和实践项目式教学法的教师们表达最诚挚的敬意和感激。正是他们的智慧和努力，为本书提供了丰富的实践案例和深刻的教学见解。他们的经验分享和反思评论，让本书的内容更加贴近实际，更具启发性。

同时特别感谢参与本书编写的朱志华、李永娣、朱翠丽、张翠霞、蓝兰、黄慧玲、郭慧银、黄璇燕、张然、李莹莹、吴华思、曾金梅、谢伟英、蒋凤仪、曾丽娟、何丽嫦、姚小翠、罗家丽、刘少云、梁月凤、陈碧圆、吴小丹、黎苏香、邹春花、赖伟双、李顺坚、郭少珍、何珊珊、康芷雅、邓傲桥、郭祖文等各位教师。他们不仅详细记录了自己设计和实施项目的过程，还主动分享了教学的成功经验和面临的挑战，为其他教育工作者提供了宝贵的参考。

此外，对于那些在评估与反馈部分提供宝贵意见和建议的专家们，我们亦表示衷心的感谢。他们的专业指导确保了我们的评估工具和标准的科学性和实用性，帮助教师们更有效地改进教学方案。

我们还要感谢那些在"面向未来的小学语文项目式学习"内容中，提供前沿信息和展望的教育同行。他们的远见卓识为我们描绘了教育的未来蓝图，激励着我们不断创新和前进。

最后，我们要对所有参与本书审阅、排版、编辑和出版工作的同仁表示感谢。没有他们的细致工作和无私奉献，这本书无法如此顺利地完成。

每一位参与本书编撰的教师和工作人员，都是这个作品不可或缺的一部分。在此，我们向你们每一个人致以最深厚的谢意。希望《项目式学习在小学语文教学中的研究与应用》一书，能够为广大教师和教育工作者带来启发与帮助，共同推动小学语文教学的创新与发展。

王冬梅、赵志美

2024年4月